관계도 반품이 됩니다

관계도 반품이 됩니다

박민근 지음

글담출판

...

내 마음에 상처를 주면서까지
지켜야 할 관계는 없다.

나를 아프게 하는
사람 따윈 버려도 좋다

인간관계에서 편해질 방법이 있긴 한 걸까?

당장 우울증이 오거나 자존심에 금이 갈 정도로 힘든 일은 없다 하더라도 인간관계는 늘 마음을 어지럽히고 스트레스를 유발한다.

인간관계는 일, 성공, 가족, 사랑, 건강 등 인생의 주요 요소들과 밀접하게 관련되어 내 삶의 만족도에도 큰 영향을 끼친다. 관계가 원만한 사람이 더 좋은 성과를 낸다는 연구결과만 봐도 알 수 있듯이 인생의 거의 모든 일이 사람들과 어울리면서 이루어지고 그 가운데서 성과를 만들어내기 때문이다.

그래서 인간관계에서 어려움을 느끼는 사람은 어떻게 하면 그 어려움을 잘 해결할 수 있을까 자주 고민하게 된다. 원하는 만큼 돈도 잘 벌고 몸도 건강해서 큰 걱정 없이 잘 지내는데 유독 관계가 잘 안 풀려서 힘들다는 것이다.

혹시 지금 당신 주변에는 반품해야 할 인간관계가 없는가?

막말과 비난, 상처 주는 말이 난무해서 내 영혼을 서서히 망가트리는 관계 말이다.

서른 즈음 나는 수십 명의 사람과 일순간 관계를 끊은 적이 있었다. 대량 반품 사태에 들어간 것이다. 물론 그 수많은 사람이 다 내게 직접적으로 잘못한 것은 아니었다. 개중에는 그런 상황이 생기게끔 방조한 사람들이 몇 있긴 했지만, 그렇다고 모두와 관계를 끊을 만큼 심각한 사안은 아니었을지도 모른다. 그럼에도 불구하고 내가 그런 결심을 하게 된 이유는 이런 관계를 계속 유지해봐야 내 삶에 전혀 이득이 되지 않을 거라는 판단 때문이었다. 또한 나를 호구로 생각하고 제멋대로 행동하는 인간들과 더는 상종하지 않겠다는 다짐이기도 했다.

세상에는 이처럼 나의 선함을 짓밟는 나쁜 사람들이 있다. 이기주의자에 사이코패스까진 아니더라도 자신의 욕망과 이익이 우선인 사람들 말이다. 이런 사람들에게 이용당하지 않기 위해서라도 남들이 고마워하지도 않는 배려 따윈 그만두는 것이 어떨까.

하기 싫은 배려 따윈 하지 말고 여태껏 참아온 일이라고 해서 억지로 참지도 말자. 다른 사람이 함부로 내 선을 넘도록 내버려 둬서는 안 된다.

당시 나는 사람들과 관계가 끊기면 모든 것이 끝날 줄로만 알았다. 교수가 되기 위해 열심히 쌓아온 커리어는 물론이고, 젊은 시절을 다 바쳐 해왔던 공부까지 포기해야 했기 때문이다. 하늘이 무너지는 것처럼 비참하고 절망적이었다.

하지만 나는 지금 비교적 잘 살고 있다. 내게 소중하고 꼭 필요한 몇 사람만 잘 지켜낸다면 그 외의 사람들과 만나고 헤어지는 일은 다 견뎌낼 만하다. 시간이 영혼을 수선하기 때문이다. 그러니 반품해야만 할 것 같은 인간관계가 있다면 너무 고민하지 말고 정리해도 괜찮다. 물론 신중한 선택은 필수이지만 말이다.

그렇다면 어떤 관계는 반품해야 할 관계이고, 또 어떤 관계는 수선해서라도 안고 가야 할 관계일까?

사실 이 문제는 판단하기가 쉽지 않다. 속한 집단 자체가 나와 맞는가 맞지 않는가가 문제 될 때도 있고, 사람이 아닌 상황이나 환경이 문제 될 때도 있기 때문이다. 가장 중요한 핵심은 내 자존감을 무너트리면서까지 관계를 유지할 필요는 없다는 것이다.

이 세상에 나보다 소중한 존재는 없다. 아무리 가까운 가족이라할지라도 나를 아프게 하는 관계라면 거리를 두거나 심한 경우 반품할 각오가 필요하다. 스스로 의지를 가지고 기존에 습관적으로 맺어왔던 관계를 새롭게 정의하고 가짜 관계가 아닌 진짜 관계를 맺을 줄 알아야 한다. 물론 말처럼 쉬운 일은 아니다. 하지만 다른 사람과 진심을 나눌 용기만 있다면 그리 어려운 일도 아닐 것이다.

나는 십오 년이 넘는 세월 동안 수많은 사람들을 상담해오며 관계를 맺을 때 제일 중요한 요소 중 하나가 '감정의 주고받음'이라는 사실을 알게 되었다. 즉 정서적 상호작용이 인간관계를 지배하는 핵심이다.

다음의 두 가지 대화 상황을 살펴보자.

대화 1

박 과장 : 김 대리, 그 서류 다 돼가나요?

김 대리 : 네, 내일까지 준비하겠습니다.

박 과장 : 실수 없이 준비하세요.

김 대리 : 네, 알겠습니다.

대화 2

박 과장 : 김 대리, 서류 준비하느라 고생이 많지?

김 대리 : 아닙니다. 걱정하지 마십시오. 잘 준비하고 있습니다.

박 과장 : 나야 늘 김 대리 믿지. 오늘도 늦게까지 수고해야겠네요. 미안해서 어쩌지…….

김 대리 : 괜찮습니다. 대신 내일 마치고 술 한잔 사주실 거죠?

박 과장과 김 대리 사이에 오고 간 정보의 질과 양은 별반 차이가 없다. 하지만 두 사람 사이에 오간 감정의 종류와 양은 차이가 크다. 후자에는 호감, 신뢰, 격려, 의리 같은 긍정적인 감정들이 듬뿍 담겨 있다.

당신은 어떤 관계를 바라는가? "직장에서 인간적으로 엮이는 건 딱 싫어"하면서 전자와 같은 관계를 바라는 사람도 있을 것이다. 그런데 하루 이틀 볼 사이도 아닌데 전자와 같은 관계라면 너무 딱딱하고 건조하지 않을까? 아니 그렇게 지내도 별 탈이 없을까? 내 삶에 전자와 같은 인간관계밖에 없다면 얼마 지나지 않아 내 정신은 황폐해지고 삶에 대한 의욕을 잃고 말 것이다. 직장에서도 예외는 아니다. 실은 인생이 너무 재미없고 일이 몹시 하기 싫은 것이 내 삶에 정서적 상호작용이 부족해서일 수 있다.

하지만 여전히 많은 사람이 인간관계가 마치 기술이나 방법인 것처럼 생각한다. 대단한 기술을 익히면 인간관계의 달인이 된다고 믿는 사람이 많다. 인간관계는 전자제품의 사용 매뉴얼과는 다른 차원의 것이다. 인간관계가 힘든 것도 이와 관계가 깊다. 인간관계는 기술의 문제가 아니라 감정의 문제이다.

이 책은 불편한 관계, 엇갈린 관계, 아픈 관계 때문에 힘들어하는 당신이 부정적인 관계에 안녕을 고하고 사람들과 함께 잘 살아가기 위한 방법을 알려주고자 쓰였다. 인간관계에 왕도는 없다. 다만 한 가지 분명한 사실은 당신이 변하면 상대방도 바뀌게 되어 있다는 것이다.

그러니 먼저 자신의 감정을 돌아보자. 그리고 나만의 명확한 인간관계 원칙을 세우자. 그 후에 건강한 인간관계를 가꿔나가기 위한 지혜를 얻게 된다면 지금보다 더 풍요로운 삶을 살아갈 수 있게 될 것이다. 이 책에서 제안하는 다양한 상황별 대처법과 관계 회복 기술을 실천해 인간관계의 어려움을 극복할 수 있기를 바란다.

CONTENTS

Chapter1

나는 그 사람에게 친구일까? 호구일까?

Chapter4

착하게, 그러나 단호하게 대처하라

Chapter5

또 만나고 싶은 사람으로 기억되는 법

나는 그 사람에게
친구일까? 호구일까?

"네가 참아"라는
말에 속지 마라

아영 씨는 큰 병원에서 주야간 교대 근무를 하다가 일이 너무 힘들어서 병원을 옮겼다. 옮긴 병원은 소규모라 교대 근무도 없었고 가족 같은 분위기라 동료들과도 사이가 좋았다. 문제가 생긴 것은 병원이 잘되면서 부원장이 새로 들어오고 나서였다.

부원장은 원장의 후배로 아영 씨와는 두 살밖에 차이가 나지 않았다. 아영 씨 생각에 부원장은 외모 콤플렉스가 심했다. 그래서 평범한 외모의 다른 직원들과는 갈등이 없었는데 아영 씨에게는 함부로 말을 했다. 본 지 얼마 되지도 않았는데 대뜸 이렇게 물은 적도 있었다.

"아영 씨, 쌍꺼풀 어디서 했어?"

순간 아영 씨는 '뭐 이런 사람이 다 있지?' 싶었지만 수술하지 않았다고 대꾸도 못 했다. 맏언니 격인 간호사가 아니라고 대신 말해 주었다. 그 뒤로도 부원장은 화장이 짙다는 둥 출퇴근 옷이 야하다는 둥 외모에 대해 지적했다. 물론 일과 관련된 부당한 지시나 지적은 셀 수도 없을 정도였다.

　옮기고 2년 가까이 만족하며 지낸 직장인데 어느 날부터 출근하기가 싫어졌다. 오늘도 부원장에게 괴롭힘을 당하지 않을까 하는 생각만 하면 가슴이 두근거렸다. 친구들은 사람 인성은 안 바뀐다며 당장 그만두라고 했지만, 아영 씨는 자기만 좀 참으면 언젠가는 나아지지 않을까 생각했다. 그렇게 6개월을 버텼다.

　사실 아영 씨는 참는 데 이골이 난 사람이었다. 어릴 적부터 자매들 틈바구니에서 욕구를 억눌러야 할 때가 많았다. 엄마에게 뭘 사달라고 해본 적이 거의 없었다. 월급의 3분의 1을 옷 사는 데 쓰면서 자신을 치장하는 까닭이 어린 시절에 대한 한풀이라는 생각이 들기도 했다.

　어쨌든 참고 또 참으면 만화 주인공 캔디처럼 행복해질 거라고 믿으며 살았다. 그 믿음이 크게 흔들렸던 적이 많지 않았다. 하지만 매번 참고 착하게 구니까 부원장이 더 말을 함부로 하는 게 아닐까 싶었다.

　아침부터 막말을 들을 때면 "입 닥쳐!"까지는 못하더라도 "무슨 말씀을 그렇게 하세요. 예의를 좀 지켜주시면 좋겠어요"라고 말하고 싶은데도 꾹 참고 있는 자신이 한심하게 느껴졌다.

"네가 참아."

인간관계와 관련해 우리가 가장 자주 듣는 말이다. 그 방법이 나아서라기보다는 별수 없기 때문이다. 물론 참는 것이 나을 때도 있다. 하지만 참지 말아야 할 때도 있는 법이다. 착한 아이로 내내 사는 건 나쁜 일이다.

착한 아이 콤플렉스는 주로 어릴 때 마음에 새겨지는 심리 특성이다. 착한 아이가 되기 위해 자신의 욕구나 소망을 억압하는 것인데, 치유되지 않으면 어른이 되어서도 좋은 사람으로 불리기 위해 자신을 억압하는 사람이 된다.

이 콤플렉스를 갖게 되면 매번 머뭇거리는 우유부단함에서 벗어나기 어려울뿐더러 수치심이나 죄의식에 쉽게 빠지게 된다. 심리학에서는 이런 심리가 지속되면 매사에 남이 하는 말을 따르게 되는 수동형 인간이 되니 조심하라고 경고한다.

착하게 살아야 한다. 단, 세상 모든 사람에게 착해야 할 이유는 없다. 기본적인 예의를 지키고 적절한 수준에서 배려하면 된다. 아무 데나 착한 마음을 남발하지 말고 마음의 과녁을 잘 조준해야 한다. 어떤 사람에게는 착하게, 어떤 사람에게는 데면데면하게, 또 어떤 사람은 무시해야 한다.

인간관계의 상처가 가져올 해가 얼마나 될지는 정말이지 가늠하기 어렵다. 사업이 실패해야만 인생이 망가지는 것은 아니다. 나쁜 사람이 내 인생을 망치기도 한다. 때로는 모든 것을 잃을 수도 있다. 내 인생, 내 감정이 상처 입는 걸 감내해서는 안 된다. 상처 주는 인간을 삶의 반경에서 내칠 도리가 없다면 과감하게 반품하거나 내가 떠나는 것이 옳다.

그런데 우리는 왜 상처 입는 관계에서 잘 벗어나지 못하는 것일까? 바로 인질 심리 때문이다. 사이비 종교에서 벗어나지 못해 참담한 고통을 감내해온 사람들 이야기를 들으면 대부분은 이해를 못한다. 왜 나쁜 사람에게서 못 벗어나나 싶지만 정작 본인들은 벗어날 수 없다고 생각한다. 놀랍게도 벗어나고픈 마음 자체가 아예 없을 때도 많다.

정신적으로 문제가 있는 사람만 이런 덫에 걸리는 것은 아니다. 우리는 누구나 심리적으로 취약한 구석이 있고, 누군가가 그 취약한 구석을 파고들 때 정신적 인질 상태에 빠질 수 있다. 남들의 취약한 구석을 노리는 사람들이 우리 주변에는 적어도 열에 한둘은 항상 도사리고 있다. 사람 보는 눈을 끊임없이 길러야 하는 이유다.

아영 씨는 인질 심리와는 거리가 멀었지만, 지금까지 들인 노력이 아까워 쉽게 이직할 수 없었다. 노력해서 익숙해진 일, 동료들과의 좋은 관계, 병원 근처에 얻은 자췻집 등이 모두 문제가 되었다. 심리학에서는 이를 매몰 비용 오류sunk cost fallacy라고 한다. 매몰 비용은 자신이 현재 점하고 있는 위치를 얻기 위해 그동안 들인 비용을 말한다. 매몰 비용이 클 경우, 그것이 아까워 더 큰 손해를 가져올 지경에 이르러서도 좀처럼 헤어나지 못한다. 매몰 비용에 연연하다 보면 나쁜 일자리나 불행한 결혼, 해봤자 소용없는 일들을 그만두지 못하고 계속 유지하게 된다.

우리가 빠지기 쉬운 어리석음 가운데 하나인데, 그 상황에서 완전히 벗어나고 나서야 빨리 그만두지 못해서 입은 손해가 더 컸음을 깨닫게 된다. 혼자서 판단이 잘 안 된다면 주변의 현명한 친구나 선배에게 조언을 구해보기 바란다. 그들과 함께 무엇이 더 자신에게 이익일지 곰곰이 따져봐야 한다.

숲속에 갇혀 있으면 숲 전체를 보기 어렵다. 길을 잃기도 한다. 그럴 때는 머리 위에 성능 좋은 드론을 띄워야 한다. 최소한 3~5명에게 조언을 구해보기 바란다. 이것이 인생에서 지혜로운 친구가 꼭 필요한 이유기도 하다. 꼭 친한 친구가 아니더라도 평소 현명하다고 느꼈던 이들에게 커피 한 잔, 밥 한 끼 대접하며 조언을 구해볼 수도 있다. 아니면 상담가를 찾아가 몇 차례 상담을 받아볼 수도 있다.

내 인간관계 연못을 망치는 미꾸라지들, 나쁜 사람들을 하수구로 흘려버리고 좋은 사람들과 함께 헤엄치는 평화로운 연못을 만들고 싶다면 용기를 내야 한다.

싫은 사람과의 관계는 어떤 트라우마보다 더 정신을 더 파괴시킬 수 있다. 사람 한 번 잘못 만나면 인생이 어디까지 무너질 수 있는지 뉴스만 봐도 알 수 있다.

착한 사람, 거절이 힘든 사람은 자기주장 훈련이 꼭 필요하다. 자기주장 훈련에서 중요한 태도는 경청, 예의, 공감, 합리적인 설명, 정직, 솔직함이다. 자신의 욕구를 상대에게 솔직하게 전달하되 상대의 말을 경청하며 예의를 갖추고, 상대의 의견에 온전히 공감하며, 합당하고 정직하게 자신의 생각과 감정을 전달할 수 있어야 한다. 자기주장 때문에 손해를 입을 수도 있지만, 결국은 자기주장을 해서 다행이었다고 여겨질 것이다.

이직을 결심하고 아영 씨는 원장과 면담을 요청했다. 부원장의 인성 문제가 심각한데 내보낼 생각이 없냐고 단도직입적으로 물었다. 자기주장을 분명히 한 것이다. 또 내 조언대로 부원장이 읽든 읽지 않든 자신의 생각과 그녀의 잘못을 상세하게 적어 편지를 부쳤다.

결과는 생각보다 좋지 않았다. 병원이 소란스러워지는 걸 원치 않았던 원장이 아영 씨가 퇴사하는 것으로 일을 처리했기 때문이다. 그래도 아영 씨는 그때의 선택이 옳았던 것 같다고 나에게 말했다. 더는 착한 사람이 되지 않기로 결심한 것, 그것만으로도 자신의 인생에 큰 변화가 생겼음을 알았기 때문이다.

내 주변에는 왜
나쁜 인간들만 있을까

세 명의 친구가 있다. A는 다른 친구들에게 무엇이든 잘 준다. 반면 B는 주는 것엔 인색하나 받는 데는 스스럼이 없다. 심지어 무언가를 더 달라고 조를 때가 많다. 마지막 C는 항상 받는 만큼 주는 비교적 셈이 분명한 친구다.

이 세 친구가 과연 계속 잘 지낼 수 있을까?

사실 우리 주변에서 이런 관계를 찾아보기는 어렵지 않다. 우리는 매번 주기만 하는 친구를 어리석다고 말하고 매번 받기만 하는 친구는 염치없다고 생각한다. 이런 관계를 자주 경험한 사람이라면 C 같은 사람이 되는 편이 좋다고 생각한다. 늘 자기 것을 내주면서도 제대로 받지는 못하는 사람은 되지 말자고 다짐한다. 이런 사람을 호구라고 생각하고, 심지어 싫어하는 사람도 있다.

호구를 뜻하는 영어 'pushover'는 '밀어서 넘어뜨릴 수 있는 사람'이라는 뜻이다. 쉽게 말해 내 맘대로 요리할 수 있는 호락호락한 사람이다. 만만한 데다 요구를 잘 들어주니 호구 주변에는 늘 사람이 많다. 상담하다 보면 이런 사연을 자주 듣는다.

미정 씨 주변에는 친구가 많다. 불우한 유년기를 보내며 주변의 인정과 사랑에 굶주렸던 미정 씨는 친구와 함께하는 시간이 마냥 좋아서 친구가 부르면 냉큼 나가고, 힘들게 아르바이트를 해서 번 돈으로 술이며 밥을 아낌없이 사준다. 친구들 고민을 귀 기울여 들어주고 때마다 잊지 않고 기념일도 챙겨준다.

그런 미정 씨가 어느 날 자신이 호구였다는 사실을 알게 되었다. 그런데 이조차 스스로 깨달은 것이 아니다. 가장 친한 친구라고 생각했던 세희의 속마음을 다른 친구에게서 전해 들은 것이다.

"네가 좋아서 옆에 두는 게 아니라고 그러더라고. 네가 어수룩해서 뭘 하자고 하면 넙죽 잘도 따라 하니까 옆에 두는 거라고."

미정 씨는 충격에 빠졌다. 심지어 자기 인생 전체에 대해서 후회와 절망을 느끼는 지경에 이르렀다.

사실 누구나 겪어봤을 일이다. 내가 당사자인 미정 씨였을 수도 있고 아니면 세희였을 수도 있으며 부당한 상황을 일러준 그 친구였을 수도 있다.

지금 내 주변에 좋은 사람이 많다면야 아무 문제가 없다. 문제는 호구 주변에는 항상 나쁜 사람이 뀐다는 것이다. 그렇기에 내 주변에 나쁜 사람들이 많다면, 지금까지 아무 잘못 없이 사람들에게 자주 당해왔다면, 당신은 호구일지 모른다.

한두 번 만나고 말 사이라면 상관없다. 그 뒤로 영영 안 만나면 되니까. 문제는 오래도록 친구나 가족이라는 명목으로 '호구 잡히며' 사는 것이다.

나쁜 사람에도 등급이 있다. 남을 이용하는 정도는 이기적이긴 해도 보통 등급이라고 할 수 있다. 정말 나쁜 사람은 자신이 나쁜 사람이라는 것도 모른다. 이른바 성격장애인이다. 이들은 각별히 주의해야 한다.

정신과 의사 프랑수아 를로르Francois Lelord와 크리스토프 앙드레 Christophe André의 정의를 빌리자면 그들의 유형은 다음과 같다.

- · "나는 지금 위험에 처했다"라고 외치는 **불안성 성격**
- · "세상엔 사기꾼으로 가득하다"라고 믿는 **편집성 성격**

- "당신을 유혹해서 내가 얼마나 멋진 사람인지 가치를 증명할 거야"라고 생각하는 연극성 성격
- "내가 모든 것을 통제할 거야"라고 주장하는 강박성 성격
- "난 언제나 특별하니까"라고 믿는 자기애성 성격
- "고립은 나의 운명"이라고 믿는 분열성 성격
- "모든 상황은 내가 통제한다"고 말하는 A유형 성격
- "난 즐거움을 가질 자격이 없어"라고 생각하는 우울성 성격
- "난 당신 곁에 빌붙어 사는 기분 좋은 빈대"라고 말하는 의존성 성격
- "복종은 패배하는 것이다"라고 여기는 수동공격성 성격
- "다른 사람을 만나면 난 상처받을 거야"라고 생각하는 회피성 성격

WHO의 조사에 따르면 전 세계 인구 가운데 7퍼센트 이상이 이런 성격장애를 앓는다. 우리가 만나는 사람 중 열에 하나는 성격적으로 문제가 있는 사람이다. 몇십 년 사이 사람들의 심성이 극악해진 한국에서는 그 숫자가 더 많을지 모른다.

병이기 때문에 치료가 필요하지만, 성격장애를 가진 사람들 가운데 치료를 받는 경우는 극히 드물다. 자신의 성격이 병이라고 생각하지 않기 때문이다. 상책은 이들과 가까이하지 않는 것이다. 하지만 어쩔 수 없이 엮이는 상황도 비일비재하다.

우리는 너무나 자주 그들을 봐왔다. 직장에서 자기 일을 남에게

떠넘기거나 자신의 승진이나 이득을 위해 다른 사람을 모함하고 자신의 잘못을 덮기 위해 거짓말을 한다. 지금 떠오르는 얼굴이 있을지도 모르겠다.

그들은 상대를 조종해서 원하는 바를 성취하지 못하면 심한 박탈감과 상실감을 느낀다. 이들은 꿀벌의 집에 침입한 말벌과 같은 존재다. 힘을 합쳐 퇴치하지 않으면 집단 구성원 모두가 치명상을 입을 수 있다.

그런데 공적 관계, 직업적 관계에서는 절대 쉽지가 않다. 만약 내가 다니는 회사의 오너가 그런 사람이라면 어떻게 할 것인가? 큰 조직이라면 어떻게라도 직접적인 공격을 피해 갈 수도 있겠지만, 구성원이 적은 조직이라면 그들을 피하기가 쉽지 않다. 나의 일상이 날마다 조종당하는 것이 될 수도 있다.

물론 하늘이 무너져도 솟아날 구멍은 있다. 이들과의 심리게임에서 지지 않는 법에 대해서는 차차 설명하겠다.

미움 받는 것을 두려워하지
말아야 하는 이유

미나 씨는 초등학교부터 대학 시절까지 학생회 임원을 여러 번 할 정도로 리더십 있는 성격이었다. 옳지 않은 일이 있으면 바른말을 하고 행동하는 것이 몸에 배었다. 목에 칼이 들어와도 아닌 건 아닌 것이다.

직장 상사 중에는 이런 미나 씨의 강직한 성격을 맘에 들어 하지 않는 사람이 많았다. 애석하게도 미나 씨가 속한 팀의 최 팀장도 그중 한 명이었다. 사소한 일로 의견 충돌이 생긴 것만 올해 들어 다섯 번이다. 미나 씨는 고리타분하고 보수적인 최 팀장의 업무 스타일이 마음에 들지 않았다. 그래서 회의나 회식 자리에서 자기 생각을 솔직하게 털어놓다가 서로 얼굴을 붉히고 마는 것이다.

이제 최 팀장은 미나 씨와 눈도 마주치려 하지 않았다. 그래도 미나 씨는 꿋꿋했다. 하지만 겉으로만 그런 것이고, 속으로는 자신에게 무슨 문제가 있지 않나 전전긍긍하고 있었다. 특히 자신의 생일에 최 팀장이 회식에 참석하지 않아 마음이 상했다. 생일 회식은 팀의 불문율이었고, 팀장이 빠지는 일은 지난 몇 년간 손에 꼽을 정도였다.

최근에는 최 팀장과 남자 직원 한 명 그리고 미나 씨가 함께 지방 출장을 갔다. 판매 분석 건과 관련해 의견 충돌이 있었던지라 미나 씨는 잔뜩 몸을 사렸다. 다행히 협력업체와 미팅도 잘 끝나고, 점심을 먹을 때까지만 해도 별다른 일이 없었다.

사건은 커피를 마실 때 일어났다. 분위기가 나쁘지 않은 틈을 타 미나 씨가 큰 결심을 하고 물었다.

"팀장님, 제가 마음에 안 드는 부분이 많으시죠?"

"무슨 소리야?"

"괜찮으니까 솔직히 말씀해주세요. 제가 고칠 게 있으면 열심히 고칠게요."

최 팀장은 조금 뜸을 들이다가 속에 담아두고 있던 말을 끄집어 냈다.

"사실 내가 제일 거슬리는 건 말을 함부로 하는 습관이야. 타고난 성격이라 고치긴 힘들 것 같지만. 꼭 그렇게 말하지 않아도 되는 상황에서도 미나 씨는 선을 넘어 말하는 것 같아."

최 팀장은 오랫동안 묵혀놓은 불만을 긴 시간에 걸쳐 털어놓았다.

미나 씨는 울컥했다. 결국 이번에도 참지 못하고 최 팀장의 지적 하나하나에 반론을 폈다. 자신은 함부로 말하는 사람이 아니라 다만 솔직하게 말하는 것일 뿐이며, 그것 역시 우리 팀의 발전을 위해 소신 있게 하는 일이지 결코 나쁜 성격 때문이 아니다. 그런 다음에는 그동안 최 팀장에게 쌓인 감정을 구구절절 풀어냈다.

최 팀장의 표정은 이렇게 말하고 있었다.

'역시 소용없어.'

그는 미나 씨의 열변을 귓등으로 들었다.

그 후 며칠 동안 미나 씨는 감정의 소용돌이에서 헤어나오지 못했다. 이런 게 화병인가 싶을 정도였다. 누가 자신을 몹시 못마땅하게 여긴다는 것이 이토록 힘든 일인지 처음으로 알았다. 부글거리는 감정을 주체할 수 없었던 미나 씨는 병원으로 전화를 걸어왔다. 우울증은 아닌 것 같은데 이런 감정을 상담으로 풀 수 있는지 문의했다.

내가 남을 미워하는 마음은 스스로 방법을 찾아 풀 수라도 있지만, 남이 나를 미워하는 상황은 해결이 쉽지 않다. 미움의 대상이 된다는 사실 자체가 절망스럽고 견디기 힘든 일인 데다 그 사람의 마음을 돌리려고 노력해도 뜻대로 안 될 때가 많기 때문이다.

이미 미워하기 시작한 그 사람의 마음을 어쩌겠는가? 다들 경험해봤겠지만, 그 마음을 돌리는 일은 참으로 어렵다.

인생이 평온하고 행복하기를 바란다면 인간관계에 슬기롭게 대처하고 주변 사람들이 나에 대해 좋은 감정을 갖도록 만들어야 한다. 그러기 위해 사람의 감정을 잘 이해하고 상대의 감정이 긍정적으로 변하도록 적절한 언행을 구사할 줄 알아야 한다.

나는 미움과 분노, 질투에 휘말린 사람들을 만날 때마다 용서 훈련을 권한다. 효과가 가장 좋기 때문이다. 그런데 용서 연습에 앞서 감사 훈련부터 권한다. 용서의 전 단계가 바로 감사다. 감사의 마음이 늘어나야 용서도 가능하다. 이는 마음의 체력을 키우는 일이라고 할 수 있다.

심리학자 마틴 셀리그만Martin Seligman은 감사편지 쓰기를 통해 정신건강이 크게 증진된다는 사실을 확인했다. 그런데 단지 누군가를 떠올리며 감사의 편지를 쓰는 것만으로는 부족하다. 편지를 쓴 후 당사자를 만나 직접 전하는 것이 좋다. 이메일이나 우편배달은 효과가 떨어진다.

셀리그만은 감사편지에 300단어 이상의 구체적인 내용을 적도록 권한다. 그 사람이 당신을 위해 무엇을 했는지, 그것이 당신의 인생에 어떤 영향을 끼쳤는지 자세하게 적어야 한다. 내가 그 일에 얼마나 감사하는지, 얼마나 자주 그 일을 떠올리는지도 적는다.

그 사람과 약속을 잡을 때는 감사편지를 전달할 거라는 사실을 숨겨야 한다. 깜짝 이벤트가 되어야 하기 때문이다. 그 사람 앞에서 낭독하면 훨씬 더 효과적이다.

맙소사! 너무 어려운가? 한국인 치고 이 일이 쉬운 사람이 없겠지만, 내 마음의 유익을 생각하면 도전해볼 만하다.

미나 씨는 왜 자신이 먼저 그래야 하느냐고 강하게 거부했다. 하지만 결국 감사편지를 쓰고 최 팀장을 이해하려고 애썼다.

사실 최 팀장도 속으로 끙끙 앓는 스타일로 무척 소심한 성격의 소유자였다. 미나 씨가 화해의 제스처를 보이자 기다렸다는 듯 손을 내밀었다. 지금 미나 씨와 최 팀장은 팀 내에서 가장 돈독한 사이가 되었다. 미나 씨의 표현에 의하면 환상의 콤비가 되어 함께 어려운 일을 극복해나가는 진짜 동료가 된 것이다.

TIP
다른 사람에게 미움받지 않는 법

1. 꾸준히 대화 기술을 익힌다. 똑같은 내용이라도 올바른 대화 기술을 사용하면 두 사람 사이에 긍정적인 감정이 늘어난다.

2. 종이 위에 나와 어려운 관계에 있는 사람 이름을 쓰고 그 밑에 어떤 단어를 쓸 수 있을지 생각해보라. 호감지수를 표시해보면 더 쉬울 것이다. 호감지수가 낮은 사이라면 지수를 높일 수 있는 방법을 고민하기 바란다.

3. 주변 사람들을 챙겨라. 만약 팀원 아무개의 경조사를 깜빡 놓쳤다면 단지 아무개만 언짢게 생각할까? 그런 일은 생각보다 빠르게 다른 사람들에게 영향을 미친다. 매달 사용할 인간관계 비용을 책정하라. 옷 한 벌만 안 사도 충분히 마련할 수 있다.

4. 주변 사람들의 프로필을 작성해보라. 요주의 대상이 있다면 그 사람에 대한 정보를 정리해두라. 많은 도움이 될 것이다. 좋아하는 음식 같은 사소한 정보도 나중에 크게 쓸모가 있다.

5. 이미 불신의 감정이 생겼다는 느낌이 든다면 일이 커지기 전에 적극적으로 액션을 취한다. 호미로 막을 일 가래로도 못 막을 수 있다. 먼저 용서하고, 먼저 좋은 감정을 표현해보자.

6. 때론 내 노력이 잘 통하지 않는 사람도 있다. 사이코패스 기질이 있는 사람, 내면에 상처가 많은 사람, 자존감이 낮은 사람, 질투나 시기심이 많은 사람 등등. 이들에게까지 애쓸 필요는 없다. 안고 갈 사람도 있지만 버려야 할 사람도 있다.

7. 나의 내면이 근본적인 원인일 수도 있다. 평균의 심리라는 것이 있다고 가정할 때, 내 심리가 그 평균에 이르지 못하면 사람과의 관계는 쉽게 뒤틀릴 수 있다. 내 마음을 다스리는 일이 먼저다.

8. 상대가 미워질 때 몇 가지 선택지를 찬찬히 고려해보라. 화해해서 오해를 풀 것인가, 모른 체하며 무시할 것인가, 최대한 피하며 내가 조심하고 있다는 사실을 상대에게 알릴 것인가. 질질 끌지 말고 빠르게 판단하고 신속하게 실행하기 바란다. 시간이 길어지면 괜한 오해가 생길 수 있다. 쓸데없는 감정 소모는 나도 그 사람도 더 지치게 만든다.

9. 인간에 대해 생각하는 시간을 가져보기 바란다. 가장 쉬운 것은 심리학 서적들을 읽는 것이다. 인간이란 왜 그럴까, 그 사람은 유독 내게 왜 그럴까를 이해하기 위해 노력해보자. 의외로 쉽게 그 이유가 이해될 수도 있다.

꼭 모든 사람과
잘 지낼 필요는 없다

 "저는 나이 많은 사람과 이야기하는 게 힘들어요."

삼십 대 초반의 상철 씨는 나이 많은 사람에게는 자기 의견을 말하기는커녕 뭘 물어보지도 못한다. 사회생활의 기본은 선배들, 상사들과 잘 지내는 것인데 말이다. 그렇다고 또래가 마냥 편한 것도 아니다. 솔직히 사람은 다 불편하다. 그중 제일 힘든 것이 나이 차가 많이 나는 직장 상사들이다.

상철 씨는 이삼십 년 나이 차가 나는 사람과도 잘 어울리는 동료들을 보면 마냥 부러웠다. 회식에서 노래방이라도 갈라치면 동료들이 상사 앞에서 갖은 아양으로 점수 따는 걸 하릴없이 지켜보며 구석에 앉아 리모컨을 전담하는 이유다.

하지만 이런 성격이 득이 될 때도 있었다. 사람보다 공부에 집중하고, 조바심치며 미리미리 준비한 덕에 좋은 대학을 갔다. 취업 준비도 잘해서 남들이 부러워하는 직장에도 취직했다. 문제는 직장에 다니면서부터 심각해졌다. 업무 특성상 팀원들과 친밀하게 지내야 하는데 도무지 그게 되질 않았다. 특히 그가 속한 부서에는 나이 많은 이들이 많았던 탓에 하루하루가 고난의 연속이었다.

나는 왜 사람들과 잘 못 지낼까? 타고난 성격 때문일까? 타인에 대한 좋지 않은 생각들 탓일까?

상철 씨가 몇 년째 고민하는 문제다.

이야기를 나눠보니 가장 큰 원인은 애착 문제에 있었다. 일하느라 바쁜 부모 때문에 어릴 적부터 할머니 손에 자란 상철 씨는 부모와 안정적인 애착을 형성하지 못했다. 게다가 고등학교 때부터 자취를 시작해 가끔 보는 부모는 성장하는 내내 편안한 사람이 아니었다.

안정적인 애착은 평생에 걸쳐 건강한 정신의 바탕이 된다. 반대로 불안정한 애착은 유년기에 새겨진 깊은 상처로, 살아가는 내내 오래도록 다독이고 치유해야 할 대상이다.

안타까운 이야기지만 3세, 혹은 7세까지 부모와 끈끈한 유대를 맺지 못하면 평생에 걸쳐 대인관계가 힘들 수 있다. '결정적 시기'라고 부를 만큼 이 시기의 애착 형성은 중요하다. 애착에 문제가 있을 경우, 다음과 같은 심리 문제에 시달릴 수 있다.

- 사람과의 관계에 대한 걱정이 많다.
- 누군가와 친해지는 것이 불편하다.
- 너무 집착해서 상대가 질려 한다.
- 좋아하는 사람이 나를 좋아하는지 자주 확인하려 한다.
- 사람들로부터 관심을 받지 못하면 크게 실망한다.
- 다른 사람에게 내 생각과 감정을 말하는 것이 불편하다.

또한 어머니뿐 아니라 아버지와의 안정적인 애착 형성도 중요하다. 연구 결과, 아버지와의 애착 정도가 사회성, 학업 성취, 자존감에 큰 영향을 미치는 것으로 알려져 있다. 아버지가 세상으로 나아가는 징검다리 역할을 충실히 해주어야 하는데 지난날의 우리 아버지들은 너무 바쁘고 무심해서 그런 역할을 제대로 할 수 없었다.

상철 씨 역시 어머니보다는 아버지가 더 어려웠다. 지난날을 더 듣어보니 아버지와는 좋았던 기억이 거의 없었다. 그래서 지금도 아버지와 단둘이 있는 자리가 몹시 불편했다. 상철 씨가 유독 나이 많은 남성들과 잘 지내지 못하는 이유가 여기 있었다.

상철 씨에게는 매일 빈번하게 소통하는 두 명의 상관이 있다. 한 명은 무뚝뚝한 남자 부장이고, 다른 한 명은 삼십 대 후반의 여자 과장이다. 과장에게 기안을 올리고 잘못된 점을 피드백 받는 것은 그리 힘들지 않았지만, 부장에게 업무 보고서나 기획서를 올릴 때는 매번 진땀을 뺐다.

상철 씨는 부장과 관련된 일에는 몇 배 더 많은 에너지와 시간을 쏟는다. 가령 기안을 완성하고도 수정하고 보완하느라 제때 올리지 못할 때가 많았다. 그러다 또 질책을 받는 것이다. 그럴 때면 표정 관리가 잘 안 되고, 어떻게 답해야 할지 몰라 우물쭈물하곤 했다.

언제 또 지적을 당할까 걱정하는 자신이 한심스러웠다. 게다가 팀원들에게 이런 마음을 들킬까 봐 조바심이 났다. 용기를 내 부장에게 먼저 말을 건 적도 있었지만, 이내 화젯거리가 떨어졌고 묻는 말에도 제대로 답하지 못했다. 부장은 그런 상철 씨가 순진하고 착하다고 했지만 그런 말도 좋게 들리지 않았다.

"어릴 때 아버지와의 관계 때문이라면 이제 와서 도대체 어떻게 해야 하나요?"

사실 불안정 애착으로 인해 대인관계에 어려움을 느끼는 사람은 인구의 절반에 달할 정도로 많다. 이들이 모두 평생 고통받을 수밖에 없다면 얼마나 끔찍한 일이겠는가? 그렇다면 이 문제를 어떻게 풀어야 할까?

'애착'이라는 말을 눈여겨볼 필요가 있다. 애착은 사랑보다 좀 더 강한 감정이다. 영어로는 'attachment'인데 'attach'는 어떤 대상에게 밀착한다는 뜻이다. 밀착의 경험이 부족한 것이 원인이니 타인과 밀접한 유대관계를 맺는 것부터 시작해야 한다.

애착 문제는 평생에 걸쳐 풀어나가야 할 숙제라고 생각해야 한다. 서두르지 말고 안전하고 신중하게 차근차근 도전하면서 사람에 대한 어색함과 두려움을 이겨나가야 한다. 앞으로 맞이할 더 많은 인간관계, 즉 연애와 결혼, 양육 등으로 이어질 문제이므로 상당한 관심과 정성이 필요하다.

먼저 자신의 내면을 토닥여주어야 한다. 곁에 누가 없어 외롭고 두려웠던 지난날을 인정하고, 힘들었던 나의 등을 어루만져주어야 한다. 부모에 대한 원망도 있는 그대로 인정해야 한다. 지나친 원망은 독이 되지만 서운했다고 말하는 것은 마음을 회복하는 첫 단추가 된다.

이때 글쓰기가 도움이 될 것이다. 결코 쉬운 일이 아니니 무리해서 진행하지는 말자. 기분이 저조하지 않은 시간에 기회를 잘 엿봐서 시도하는 것이 좋다. 지난 시절 외로움의 기억을 충분히 되살려

보았다면, 이제 그 외로움의 시간을 충분히 위로하고, 위로받아야 한다. 혼자서 할 수도 있지만 다른 사람의 힘을 빌리는 방법도 나쁘지 않다. 사실 후자가 더 효과적이다. 이 일을 도와줄 그 사람에게 외로운 기억을 고백하고 위로의 말을 듣는 대화를 시도해보라. 즉흥적으로 하지 말고 차분히 계획하고 상대에게 여러 사실을 충분히 설명한 뒤 시도하는 것이 좋다. 그는 이 도전을 충분히 이해하는 무척 가까운 사람이어야 할 것이다.

목표는 그에게 "무척 힘들었겠구나" 하는 진심의 위로를 듣는 것이다. 부모와 이 일을 진행할 수만 있다면 훨씬 효과가 크지만 섣불리 시도했다가는 더 큰 상처만 남는다. 어쩌면 몇 년을 준비하고 기다려야 할지 모른다. 부모와 서로 어색하다면 우선 자주 대화하고 스킨십을 시도하는 것부터 시작하기 바란다.

누군가의 도움을 받을 수 없다면 혼자서 자신을 위안해야 할 수밖에 없다. 효과가 더디게 나타나지만 전혀 효과가 없는 일은 아니다. 스스로에게 이런 말을 들려주자.

"정말 힘들었겠구나. 네가 얼마나 힘들었을지 알아."

"그런 외로움의 시간을 잘 견뎌서 지금에 이르렀구나."

"외로움이 너를 이렇게까지 성장시켰어. 외로움이 무조건 나쁜 건 아닐 거야."

"너의 존재를 사랑해. 너는 참 소중한 사람이야."

가장 효과적인 치유법은 역시 사랑이다. 지속적이고 상호적인 인간관계가 애착 문제를 근본적으로 해결하는 가장 확실한 방법이다. 사람에게 받은 상처는 결국 사람을 통해 치유할 수밖에 없다. 만약 어린 시절에 애착 문제가 있었음에도 현재 인간관계가 그리 힘들지 않다면, 그것은 분명 지금까지 열심히 사랑하고 사랑받았기 때문이다.

이성과의 사랑에 에너지를 낭비하기 싫다면 열 살 정도라도 많은 친구 한 명을 만들어 보자. 그 사람과 죽고 못 사는 친구 사이로까지 진행될 필요는 없다. 여러 사람이 속한 동호회나 여가생활에서 사귀게 된다면 생각만큼 부담스럽지 않게 이 일을 실천할 수도 있다.

인간관계의 첫걸음은 용기다. 용기를 내 나이 많은 사람과 친해지는 훈련에 도전해보기 바란다.

처음부터 모든 걸
다 주면 후회한다

 "당신이 받는 사랑은 당신이 베푼 사랑과 같다The love you take is equal to the love you make."

비틀스의 「끝The End」이라는 노래 가사다. 그렇다. 사랑은 주는 만큼 받는 것이다. 우정도 친절도 호의도 그렇다.

내가 가장 아끼는 문장이지만 너무 이상적이기도 하다. 우리는 아무리 주어도 돌려받지 못하는 경우를 숱하게 만나며 산다.

여러 해 전 누군가가 하는 말을 듣고 깜짝 놀랐다. 그는 돈을 갚을 때 생돈이 나가는 것 같아 항상 손해 보는 느낌이라고 했다. 그 말을 들은 후 나는 그 사람과 가까이하지 않으려고 피해 다녔다. 나는 그 반대인 사람이라서 그의 말을 더 이해할 수 없었다. 빌려준 돈을 제날짜에 돌려받으면 괜히 미안하고 남의 돈을 가진 것 같은 죄책감이 들곤 한다.

사람 마음이 이다지도 다르니 주는 만큼 받을 수 있다고 믿어서는 곤란하다. 오히려 이런 원칙을 마음에 새기는 편이 낫다.

내가 그 사람에게 1을 준다고 해도, 반드시 1을 돌려받을 수 있는 것은 아니다. 1 이상을 받을 수도 있지만 아예 못 받을 수도 있다. 이런 원칙을 세운다면 실망하고 마음 상하고 미워하는 일이 줄어들 것이다. 좀 응용하면 고차원의 인간관계 법칙이 하나 만들어진다.

주고 싶다면 1을 주되 그가 돌려줄지 돌려주지 않을지 연연하지 마라. 그 사람 마음이다. 그런 것에 연연하면 인생이 괴롭다.

내 인간관계 첫 번째 원칙은 '진인사대천명'이다. 내 할 일은 하고 나머지는 운명에 맡기리라.

인간관계는 수학처럼 쉽게 법칙을 찾고 예측을 할 수 없을 때가 부지기수다. 그런데도 사람들은 인간관계에 비장의 공식 같은 것이 있어 그것만 안다면 인생이 술술 풀리리라 기대한다. 그 비밀을 찾아내겠다고 투지를 불태운다.

진짜 쓸 만한 인간관계 비법은 고도로 잘 설계된 심리실험 등에서 도출된다. 그런데 보통 사람들이 이런 정보를 접하기는 쉽지 않다. 쓸모없는 가짜 정보들 속에서 허우적거리다 보면 진짜를 놓치기 다반사다. 대형서점 서가에서도 당신은 얼마든지 농락당할 수 있다. 그 자리에서 몇만원을 뜯길 수 있다.

설사 옳은 정보라고 해도 실제로 쓰는 데는 어려움이 따를 때도 많다. 그러니 정말 이 분야의 전문가, 세계적인 석학이 오랜 연구를 통해 밝혀낸 내용이 아니라면 믿지 않는 편이 낫다.

믿을 만한 인간관계 법칙 하나를 소개한다. 남의 것을 가로채려 하거나, 딱 받은 만큼만 주는 사람에 비해 남에게 베푸는 사람이 훨씬 더 성공한다. 단, 무조건 퍼주는 게 아니다. 다 빼앗기고 나서 좌절하는 어리석음이 아니라 어디에, 얼마나, 무엇을 더 줘야 하는지 잘 아는 베풂이다.

그런데 참으로 어려운 것이 바로 잘 주는 일이다. 절대로 책 몇 페이지를 읽어 생길 능력이 아니다. 지혜, 공감 능력, 감성지능 등 여러 가지 대인관계 능력의 종합선물세트 같은 것이기 때문이다. 우선 인간관계의 흐름이나 상황을 알아채야 하고, 상대를 깊이 이해하는 공감 능력도 갖춰야 하며, 상대의 마음을 움직일 만한 감동적이고 긍정적인 표현을 자유자재로 구사하는 스피치 능력도 있어야 한다. 내가 주고 싶은 게 아니라 상대가 원하고 필요한 것을 주어야 하기 때문이다.

제대로 주는 사람이 성공한다는 법칙을 안다고 해도 실제 사용하기란 쉽지가 않은데 과학적 통계도 심리학적 근거도 없는 '인간관계 기술'을 누군가에게 함부로 썼다가는 낭패를 당하기 십상이다. 당신은 이미 그런 광경을 자주 목격했고 실패담도 많이 들었을 것이다.

혹시 권위를 이용해 상대를 설득하는 대화법이라고 들어봤을지 모르겠다. 가령 이런 것이다.

"얼마 전「워싱턴 포스트」에 기사가 나왔잖아. 그거 아니래."

상대를 설득하기 위해 책에서 배운 대화법을 사용하고 있지만, 오히려 듣는 사람에게 '잘난 체하네' 같은 부정적인 인상을 심어줄 가능성이 농후하다.

"잘은 모르겠지만, 내 생각엔 그게 아닌 것 같아."

차라리 이렇게 말하는 것이 내가 하고 싶은 말도 하고 상대에게도 좋은 인상을 심어줄 방법일지 모른다.

단호하고 우아하게 거절하는 연습

나는 열성적으로 말하고 있는데 상대는 다리를 꼬고 어깨를 뒤로 뺀 채 지루하다는 표정을 짓고 있다. 정말 맥 빠지는 상황이다. 열심히 하지나 말걸, 후회가 밀려든다. 우리는 상대가 직접 말하지 않아도 표정, 몸짓, 억양으로 그의 마음을 유추할 수 있다. 이를 비언어적 표현이라고 한다.

주변에 언어지능이 높은 사람들을 관찰해보라. 공통점이 있을 것이다. 바로 능숙한 제스처, 적절한 표정 관리다. '난 그런 거 잘 못하니까 안 할 테야' 하는 태도는 위험하다. 적절한 비언어적 표현이 따르지 않으면 상대에게 부정적 감정을 심어줄 위험이 높다.

말로는 "너를 믿어"라면서 표정은 전혀 그렇지 않다면 겉 다르고

속 다른 사람으로 여겨질 수 있다. 그것이 사람들에게 사랑받지 못하는 진짜 이유인지도 모른다. 21세기식 언행 불일치란 바로 말과 표정이 일치하지 않는 것이다. 언행불일치는 예나 지금이나 사람들이 가장 싫어하는 일이다.

비언어적 표현의 기초는 적절한 표정이다. 그런데 평소 무표정한 사람이 어느 날 방글방글 웃는다면 그만큼 어색한 것도 없다. 억지로 표정을 지으려고 하는 대신 좋은 표정이 나올 만한 감정 상태를 만드는 것이 중요하다.

우리가 정말 약한 것이 바로 감정 능력이다. 감정 능력은 감정 인식과 감정 표현 능력으로 나눌 수 있다. 일단 상대의 표정을 잘 읽어내는 감정 인식부터 연습해보자. 우리는 너무 과한 자극과 너무 많은 정보 때문에 상대의 표정을 읽고 감정을 알아차리는 센서가 뭉툭해지고 말았다.

TV교양 프로그램에 등장하는 오지의 원시부족들에게서는 전혀 다른 모습이 발견된다. 표정이 무척 밝을 뿐 아니라 상대의 표정에 민감하게 반응한다. 상대가 웃으면 따라 웃고, 동작을 하면 즉각 따라 한다. 이를 미러링mirroring이라고 한다. 이는 인간의 선천적인 자질이다. 갓난아기에게 웃어보라. 아기는 금방 따라 웃는다. 원시부족들에게는 주변 사람의 표정이나 동작이 가장 중요한 자극원이기 때문에 민감하게 반응하고 심지어 따라 하는 것이다.

뭉툭해진 표정 인식 센서를 복구하지 않고 방치하면 점차 기능이 떨어져 나중에는 표정인식장애가 생기고 만다. 나이 든 한국 남성들 가운데는 이런 경우가 적지 않다.

그렇다면 당신의 표정감식력은 얼마나 될지 한 번 알아보자. 빈칸에 표정의 종류를 적어보고, 바로 아래의 정답을 확인해보라.

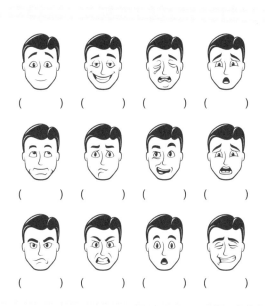

정답: 만족, 기쁨, 슬픔, 충격 / 걱정, 불안, 두려움, 경악 / 혐오, 분노, 놀람, 우울

범인의 심리를 분석하는 프로파일러라는 직업이 만들어지는 데 결정적 기여를 한 심리학자 폴 에크먼Paul Ekman은 인간의 표정이 무려 만 가지 이상이라는 사실을 밝혀냈다. 표정은 인종이나 부족에 상관없이 모두 같았다. 표정은 만국 공통어인 셈이다.

　각각의 감정에는 이를 담당하는 얼굴 근육의 조합이 있고, 모든 인류가 똑같은 방식으로 표정을 짓는다. 물론 뇌의 이상으로 원하는 표정을 못 짓는 사람도 있긴 하다.

　에크먼에 따르면 인간이 지을 수 있는 웃음의 종류는 18가지 정도인데, 대부분은 다른 의도를 가진 가짜 웃음이고 안륜근을 움직이는 뒤센 미소Duchenne smile가 정말 기쁨을 느껴 짓는 웃음이다.

가짜 웃음

진짜 웃음

뒤센 미소를 잘 짓는 사람치고 나쁜 사람이 없다. 단, 남녀끼리는 조심할 필요가 있다. 뒤센 미소 능력자들은 바람둥이일 가능성이 높다. 다르게 말하면 가장 잘 웃는 사람이 가장 연애 경험이 풍부한 것이다.

한국인의 표정이 전에 비해 솔직해졌다는 의견도 있지만, 내가 생각하기에는 꼭 그렇지는 않다. 우선 감정 억압이라는 아시아인의 특성이 여전히 남아 있고, 복잡한 사회를 거치면서 진짜 감정을 속이는 가짜 표정 짓기에 능숙해진 것이 요즘 한국인이기 때문이다. 얼마 전 상담했던 한 콜센터 직원은 우울증이 심했다. 하지만 그녀는 잘 웃었다. 스마일마스크 증후군이 있었기 때문이다. 항상 웃어야 한다는 강박 때문에 슬플 때나 화가 날 때도 저도 모르게 억지 웃음을 짓는 증상이다.

게다가 굴곡과 음영이 많은 서양인의 얼굴에 비하면 한국인의 얼굴은 표정이 잘 드러나지 않는 편이다. 또한 입시 경쟁 속에서 자란 우리는 상대의 표정에 그리 관심이 없는 사람으로 길러졌고, 요즘 교육 선진국에서 열광하는 감성교육도 제대로 받아본 적이 없다. 한마디로 총체적 난국이어서 감정이 드러나는 표정을 못 짓는 사람들이 넘쳐난다. 그러니 내 얼굴에 표정이 드러나도 상대가 캐치하지 못할 때가 많다. 나 역시 상대의 표정을 읽는 것이 무척 힘들다.

특별한 해결책이 없다. 딱딱한 사무 공간에서 만나는 표정은 종류가 몇 가지 안 된다. 표정 감지 훈련을 하기 힘든 환경이다. 그러니 시간 날 때마다 좋은 작품에서 연기 잘하는 배우들의 얼굴을 쳐다보거나, 내 안의 감정들을 편안하게 드러낼 수 있는 예술작품을 향유해야 할 것이다.

싫은 건 싫다고,
아닌 건 아니라고 말하자

윤성 씨는 마케팅 회사를 퇴사하고 적성에 맞는 직업을 찾기 위해 진로상담을 받으러 나를 찾아왔다. 몇 가지 검사를 진행하고 적성에 맞는 직업을 추천한 뒤 자연스럽게 전에 있던 회사에 대한 이야기를 나누었다.

주로 병원 마케팅을 하던 전 직장에서 그의 직무 만족도는 높지 않았다. 봉급이 적지 않았으나 일이 너무 많았고, 동료들과의 관계도 썩 좋지 못했다. 다들 바쁘니 옆 사람을 챙길 겨를이 없었다고 해야 맞을 것이다.

"살다 살다 이런 사람이 있나 싶었죠. 선생님, 그런 사람을 사이코패스라고 하지 않나요?"

윤성 씨의 이야기를 종합해보면 사장은 사이코패스는 아니었다. 진성 사이코패스가 인구의 1퍼센트 정도이고 대개 교도소나 우범 지대에서 지내고 있으니 현실에서 그들을 만나는 일은 흔치 않다. 하지만 사장은 확실히 공감 능력이나 도덕성이 떨어지는 사람이었 다. 또 강박증이나 심한 완벽주의, 분노조절장애 같은 심리 문제가 있는 것 같았다.

사장은 명문대학 공대 출신으로 홈페이지를 만드는 능력이 뛰어 나 제법 큰 병원과의 계약도 어렵지 않게 따냈다. 그래서 일은 늘 밀려 있었고 야근을 밥 먹듯이 했다. 사장은 시도 때도 없이 일을 시킬 뿐만 아니라 직원들을 하인 부리듯이 했다. 10명 남짓한 직원 들은 하루에도 여러 번 사장의 짜증과 잔소리, 막말에 시달렸다. 윤 성 씨가 일했던 3년 동안 퇴사한 직원 수가 열댓 명이 넘었다.

회사 오너들이 다 그렇지 하며 다들 참고 견디던 차에 김 팀장 이 새로 들어오며 일이 벌어졌다. 사장만큼 능력도 뛰어나고 경력 도 있는 김 팀장은 몇 주 만에 업무 전반을 파악하고 나서 사장에게 직원 5명을 더 뽑아달라고 요청했다. 윤성 씨의 눈이 번쩍 뜨였다. '참, 그러면 되는 것이었군.'

한두 명도 아니고 5명이나 더 채용하라는 요구는 터무니없다며 사장은 발끈했다. 그러나 직원들 대부분은 기다렸다는 듯이 김 팀장 편에 섰다. 야근과 주말 근무에 시달리면서 수당을 받기보다 직원이 더 들어와 일손을 덜어주기를 바랐던 것이다.

사장은 IT업계에서 이 정도로 일하는 건 아무것도 아니라며 막무가내였지만, 윤성 씨 생각에는 이 회사가 IT업계라는 주장부터 이해가 가지 않았다. 그런데 불똥이 윤성 씨에게 튀었다. 사장이 그나마 오래 일한 윤성 씨와 다른 직원 한 명을 불러 갖가지 회유와 협박을 했기 때문이다. 요는 너희들이 앞장서서 김 팀장에게 반기를 들고 자기편을 들라는 것이었다. 김 팀장을 잘 구슬려 한두 명만 충원하는 것으로 일을 수습하자고 했다.

윤성 씨는 이와 관련해 여러 차례 사장에게 불려갔다. 매일이 괴로웠다. 출근하는 발걸음이 더더욱 무거워졌다.

"이번 일이 잘 처리되면 너한테 팀장 자리를 줄 수도 있어. 잘 생각해봐."

윤성 씨는 사장과 여러 시간 이야기를 나누며 이 사람이 정말 나쁜 인간이라는 걸 실감했다. 이런 사람과 일을 계속해야 하는지 회의가 들었다. 결국 그는 김 팀장 편에 서기로 결심했다. 김 팀장을 적극적으로 도우면서 직원들을 똘똘 뭉치게 했다. 하지만 결과는 좋지 못했다. 계약 날짜에 납품을 못 하는 일이 생겼고 사장과 김 팀장은 직원들이 보는 앞에서 언성을 높이며 싸우기까지 했다. 결국 김 팀장이 사표를 쓰고 나가는 것으로 일은 일단락되었다.

이런 일을 겪으며 윤성 씨는 자신의 직업 자체에 회의를 느꼈다. 대학에서 마케팅을 전공하고 몇 년째 영업 일을 해오면서 이 일이 정말 적성에 맞는 것인지 의심해왔던 터라 미련 없이 사표를 냈다.

결론을 말하면 그는 마케팅 업무에 잘 맞았다. 다만 나쁜 사장을 만났을 뿐이다. 다행히 상담을 진행하던 중 윤성 씨는 새로운 회사에 들어갔다. 입사한 지 석 달쯤 지난 후 그는 '세상에 이렇게 좋은 사장님도 있구나' 하며 신세계를 경험했다. 그즈음 김 팀장이 마케팅 회사를 차렸고, 전에 있던 회사 사람들 여러 명이 합류했다. 윤성 씨는 함께 일해보자는 김 팀장님의 제안을 거절했다. 지금 다니는 회사가 좋았기 때문이다.

우리는 왜 돈을 벌까? 왜 이토록 열심히 일을 하는 것일까?

잘 살기 위해서일 것이다. 그러니 절대 잊지 말자. 나를 잘 살게 하지 못하는 일이라면, 내 마음을 다치게 만드는 일이라면 과감한 선택이 필요하다. 그리고 그것은 대개 상처 주는 관계 때문일 때가 많다. 그럴 때는 잘못된 관계를 과감하게 반품해야 한다. 만약 직장을 그만두지 않을 생각이라면 상처받지 않을 수 있는 심리적 보호막을 마련해야 한다.

상대의 비난을 막아내기 위해 꼭 필요한 세 가지는 공감과 자기 표현과 존중이다. 상대의 비난이 싫지만 일단 공감해주고, 존중해주며, 나의 감정과 상대의 감정을 있는 그대로 표현하는 것이다.

다음 내용을 스마트폰 메모장에 적어두고 응용해보라.

혹독한 비난	무장해제시키는 답변
난 네가 싫어! 멍청이! 인생 낙오자!	나한테 화 많이 났구나. 내 일 처리 솜씨가 형편없다는 걸 나도 잘 알아. 일을 망쳐서 나도 어쩔 줄 모르겠어. 네 기분이 어떤지 더 얘기해줄래?
너는 못됐어.	나 때문에 기분 상했구나. 널 아끼는 마음에서 그런 건데, 그렇게 느꼈다니 미안해. 네 기분이 어떤지 더 얘기해줄래?
이기적이야. 자기 생각만 해.	맞아. 네 기분이 어떨지 생각을 못 했어. 나한테 화내는 것도 당연하지. 내가 잘못이라니, 나도 힘드네. 내가 널 무시하거나 이기적으로 대한 적이 또 있니?

-데이비드 번스의 『관계 수업』에서

이런 고운 표현이 효과를 발휘하지 않는 상대도 있다. 세 번쯤 이렇게까지 인내하며 비폭력적인 대화를 펼쳤음에도 통하지 않는다면 무관심과 무심함으로 '손절'해야 할 사람일 가능성이 높다.

100퍼센트 나쁜 인간은 없다. 누구나 1에서 100 사이의 어디쯤에 있다. 누구도 완벽한 인간이 아니기에 우리는 조금씩 자신을 고치고 타인의 잘못을 바로잡아가야 한다. 서로 자신을 조금씩 고치고 양보하면서 공존해야 한다. 물론 아무리 해도 양보나 수선이 되지 않는 관계라면 미련 없이 정리해야 한다.

'넌 바보니까 내가 바보라고 말하는 거야' 같은 생각은 정말 잘못이다. 영원히 바보인 사람은 없다. 누구든 자신의 어리석음을 깨치며 조금씩 나아질 수 있다는 관점을 갖는 것이 마땅하다.

고정형 사고, '넌 어쩔 수 없어'라는 생각은 삶의 공간을 좁히고 인간관계를 망치는 원인이다. 반면 성장형 사고, '우리의 관계는 더 나아질 수 있어. 너도 발전할 거고 나도 발전할 거야'라고 생각하는 것은 행복한 인생, 풍요로운 인간관계를 만드는 기초다.

마음속에서 상대를 해코지하고픈 악마의 속삭임이 들끓을 때면 이렇게 생각하라.

'저 친구, 실수가 적은 것은 아니지만 내가 잘 인도하면 어제보다는 더 나아질 거야.'

욱하는 마음을 다스리는 매뉴얼 ──────────

1. 화가 날 때 속으로 10초만 숫자를 세라.

2. 호흡에 집중해 심호흡을 한다. 복식호흡을 안다면 천천히 복식 호흡을 하라.

3. 일단 화를 참는다. 어느 정도 감정이 걷힌 다음 차분한 어조로 화가 났던 이유를 설명한다.

4. 다른 일로 관심을 돌려라.

5. 화가 나게 한 상대의 입장을 생각해본다.

6. 화를 내서 얻게 될 결과를 생각해본다. 나도 상대도 주변 사람들에게도 모두 좋을 게 없다.

7. 화를 내는 대신 스트레스가 풀릴 수 있는 일을 찾아 실행한다. 예를 들면 노래방에서 신나게 노래를 부르거나 땀을 흘리며 운동을 할 수 있다.

8. 상대를 제압하거나 상황을 피하고자 일부러 화를 내는 것은 아닌지 반성한다.

9. 화가 나게 한 상대가 미숙한 사람이라고 생각한다. 미숙하니 그럴 수 있다고 생각하라.

10. 조금 더 창조적이고 생산적인 방식으로 나의 감정 에너지를 발산한다.

11. 생각을 끊기 위해 노력한다. 생각 중지 훈련을 실천한다.

12. 웃음을 유발할 수 있는 일을 찾아보라.

13. 아무 글이라도 좋으니 글을 써보라.

Chapter 2

당신이 나쁜 관계에
집착하는 진짜 이유

다른 사람 말에
쉽게 넘어지나요?

팔랑귀 연주 씨는 자주 충동구매를 한다. 백화점에 가면 판매원의 현란한 말솜씨에 금방 빨려든다. "마지막 찬스, 얼마 남지 않았습니다. 올해는 이 조건으로 더 이상 만나볼 수 없습니다" 같은 홈쇼핑 방송의 불안 조장 멘트에도 어이없이 넘어가 버리고 만다.

이런 약점이 더 문제가 되는 곳은 바로 인간관계였다. 공무원 신분인데도 지인의 꾐에 빠져 다단계 회사에 가입하는 바람에 중징계를 받기도 했고, 보험은 하도 많이 들어 몇 개나 되는지 셀 수 없을 정도다. 월 납입금이 한 달 생활비에 맞먹었다. 남편이 연주 씨를 불신하고 미워하는 데는 그만한 이유가 있었다. 모두 남이 하는 말을 너무 쉽게 믿기 때문에 빚어진 참사들이다.

이런 그녀지만 한 가지 자기제어 기술을 배우고서 어리석은 결정을 내리는 일을 제법 잘 막을 수 있었다. 그녀는 어떤 결정을 할 때 마음속에 먼저 떠오르는 생각을 덥석 믿지 않겠다는 원칙을 세우고 열심히 실천했다. 생각 중지 방법도 열심히 연습했다. 어떤 생각을 지우기 위해 사용하는 심리 기술 중 하나로 다음과 같이 하면 된다.

첫째, 내 마음을 지배하는 그 생각을 알아차린다.

둘째, 즉각적이고도 단호하게 "그만"이라고 말한다.

셋째, 고무 밴드를 차고 있다가 가볍게 튕기는 방법도 괜찮다.

넷째, 그 생각과 전혀 상관없는 다른 긍정적인 생각을 떠올린다.

다섯째, 그 생각이 사라질 때까지 긍정적인 생각에 집중한다.

여섯째, 다른 생각이 싫다면 평소 좋아하는 이미지나 영상을 떠올린다.

훈련은 쉽지 않았다. 하지만 방법들을 익히고 나서부터 연주 씨에게 긍정적 변화가 생겼다. 심지어 화를 잘 내던 성격까지 많이 고쳤다.

충동적인 사고와 이성적인 사고는 서로 다른 시스템에 따라 유지된다. 마음 안에 두 개의 모터가 따로 돌고 있는 것이나 마찬가지다. 대개는 충동적인 사고가 일을 저지르고 이성적인 사고가 뒷수습을 한다.

자기합리화는 충동적인 사고에 속한다. 이솝 우화에서 여우는 높이 달린 포도를 따려고 몇 번 시도하다가 실패하자 덜 익은 포도라 맛이 없을 거라며 돌아선다.

이성적인 사고는 '포도는 분명 맛있을 테지만, 내 힘으로 얻을 수 없으니 포기하자'라고 생각하는 것이다. 이편이 정당하고 마음을 다스리는 데도 도움이 된다.

충동적인 뇌가 요동칠 때 이성적으로 사고하는 연습을 반복하면, 좀 더 자제력 있고 신중한 사람이 될 수 있다. 그런 사람이 되면 인간관계에도 긍정적으로 작용한다. 어떤 사람과 멀어지는 결정적인 이유가 대부분 충동적인 말실수 때문이지 않은가?

인간관계 '루저'들은 말실수를 하고서도 상대가 왜 나를 피하는지 알지 못한다. 말 한마디가 대못이 되어 그 사람 가슴에 박히는 것을 모른다. 그러면서 또 그 사람 앞에서 말실수를 계속한다.

눈앞의 마시멜로를 10분 넘게 참은 보상으로 하나가 아니라 두 개의 마시멜로를 먹을 수 있었던 아이들의 삶을 장기간 추적해보니, 참았다가 두 개를 먹느니 당장 하나만 먹은 아이들보다 훨씬 더 윤택하고 성공적인 인생을 살고 있더라는 유명한 연구가 있다. 마음의 힘 중에서 자제력은 인생을 사는 데 가장 쓸모 있는 자산일 것이다. 자제력을 발휘해 머릿속에 떠오르는 말을 모두 내뱉지 말고, 그 말을 다듬어 상대에게 전할 수 있다면 인간관계에 능숙한 사람으로 대우받을 것이다.

　뉴스를 보고 있노라면 세상은 충동적인 사람들 천지다. 내가 뉴스를 되도록 멀리하라고 권하는 이유도 그 때문이다. 나쁜 소식을 접하다 보면 비관적인 생각이 들고 나 역시 그 사람들처럼 충동적인 사람에 가까워질 수 있다.

　세상에는 충동적인 사람만 있는 것도 감옥에 간 대통령만 있는 것도 아니다. 둘러보라. 주변에는 자제력 있고 신중한 사람들도 많다. 그들과 가까이 지내면 얼굴 붉힐 일이 현저히 줄어든다.

　다음은 나만의 인간관계 법칙을 만드는 법이다.

　1. 선선히 주되 받는 것에 연연하지 마라.

　2. 인간관계를 풀 수 있는 만능 법칙 같은 건 없다. 기민하게 살피고, 그때그때 적절히 대응해야 한다. 그러니 틈나는 대로 공감 능력, 유연한 대화 능력을 길러라.

　3. 자제력 있는 사람을 가까이하라. 자제력이 부족한 사람은 멀리 하라.

갑질은 계속된다,
거절하지 못하면

 "지원 씨, 이 기획안 다시 짜야겠는데. 너무 구태의연한 것 같아."

맙소사. 며칠 밤을 새우다시피 하며 만든 기획안이었다. 지원 씨는 맥이 탁 풀렸다. 완벽주의 성향의 지원 씨는 일을 허투루 하지 않았다. 이런 일은 드물었다. 하지만 아무리 애를 써도 허사가 될 때가 있게 마련이다.

지원 씨는 무거운 돌이 하나 들어앉은 것처럼 가슴이 갑갑했다. 그냥 기획서 하나가 거절당한 것일 뿐인데 자존심이 상하고 열심히 일한 자신을 몰라주는 것 같아 속이 상했다. 팀장에 대한 원망이 마음속에 앙금처럼 남아 도통 일이 손에 잡히지 않았다. 팀장의 얼굴을 마주하기가 싫어 피해 다니기까지 했다. 항상 이런 식이었다. 지원 씨는 거절을 잘 받아들이지 못했다.

지원 씨와 같은 사람이 적지 않다. 타인에게 거절당하는 것을 힘들어하고 상대의 부탁을 거절하는 것도 잘 못 한다. 십 대 때는 나역시 이 문제가 고민이었는데, 의외로 많은 사람들이 이런 고민을 안고 산다는 사실을 알게 되었다.

관계 코칭을 하면서는 '거절 민감성rejection sensitivity'이 높은 이들이 많다는 사실을 더욱 체감하고 있다. 그런데 이는 타고난 기질일 가능성이 높다. 더 수줍음을 타고 더 불안을 느끼는 성격이 있는 것처럼 거절을 힘들어하는 것도 유전자에 새겨진 기질일 수 있다.

거절 민감성이 높은 사람은 상대방에게 미움받을까 봐 거절을 잘 못 한다. 상대의 부탁을 거절하면 인간관계가 단절될 거라고 생각한다. 거절을 당하면 우울해지고 부정적인 생각에 사로잡힌다. 거절당할까 봐 항상 두렵기 때문에 인간관계가 어렵고, 거절당했을 때의 자신을 상상하는 것조차 두려운 일이라 꼭 해야 하는 부탁도 잘 못 한다.

기질이 일차 원인이지만 과거의 경험 때문에 거절 민감성이 높아지기도 한다. 특히 부모로부터 부당한 거부와 제재를 자주 당한 사람은 거절 민감성이 높을 수 있다. 비합리적인 이유로 자주 거절당했기 때문에 거절을 좀 더 두려워하게 된다. "엄마는 제가 원하는 건 늘 안 된다고만 했어요"라고 말하는 사람이 여기 해당한다.

지원 씨의 문제는 어제오늘 일이 아니었다. 살면서 거절 민감성의 덫에 걸려 잘못된 선택을 할 때가 많았다. 사람들이 유용한 충고를 할 때도 그것을 자신에 대한 거절이라고 여겼기 때문이다. 친구가 무심결에 한 지적조차 참지 못했다. 이 때문에 망가진 인간관계가 한둘이 아니었다. 소중한 친구마저 잃었던 경험은 쓰라린 기억으로 남았다. 하지만 그때도 알량한 자존심 때문에 사과하거나 관계 회복을 시도하지 않았다.

거절을 못 하는 사람은 소속한 집단에도 피해를 줄 수 있다. 잘할 수 없는 일인데도 떠맡아서 전전긍긍하기도 하고, 도움을 청하거나 부탁해야 하는데도 우물쭈물하다가 제대로 일을 처리하지 못한다. 조직 전체에 손해를 끼치는 것이다.

지원 씨는 자신의 상태가 상담을 받을 만큼 심각한 것은 아니라고 생각했다. 하지만 조직에 해를 끼치기 싫어 전문가를 찾았고 자신의 성격을 고치려고 열심히 노력했다.

덕분에 지적과 비난을 구분할 줄 알게 되었고 충고와 폄하도 분리해서 생각할 수 있게 되었다. "듣기 좋은 말만 하는 사람만큼 인생에 도움 안 되는 사람도 없죠"라고 말하게 됐을 만큼 거절에 둔감해졌다.

지원 씨는 다음과 같은 방법을 썼다.

- · 내가 느낀 감정을 혼자서라도 솔직히 표현한다.
- · 그럴 수 있다면 상대방에게 솔직하게 나의 감정과 생각을 말한다.
- · 평소 감정의 변화를 메모장에 적는다.
- · 부정적인 결과보다는 긍정적인 결과를 상상한다.
- · 상대의 요구나 지시가 있기 전에 먼저 일을 처리하는 습관을 갖는다.

한 번의 거절을 내 존재 자체가 부정당하는 일로 생각하지 않아야 한다. 누군가가 부정적인 의견을 내놓았다면 단지 그 사안에 대한 것일 뿐이다. 물론 사사건건 부정적이라면 나에 대한 반감 때문이라고 의심할 수도 있다. 그때는 그 사람의 마음이 무엇인지 진지하게 생각해봐야 한다. 나아가 대화를 통해 근본적인 해결책을 모색해야 한다.

거절을 당하는 일뿐만 아니라 거절을 하는 것에도 익숙해질 필요가 있다. 정당한 것이라면 거절해야 한다. 훈련이라고 생각하고 의식적으로 노력해보라. 상대의 부탁이나 제안을 거절하는 것은 결코 상대를 비난하거나 음해하는 것이 아니다. 상대는 나처럼 이 한 번의 거절에 큰 의미를 부여하지 않을 가능성이 많다.

거절하고 싶은 마음을 참아서도 안 된다. 싫은데도 참고 받아들이는 것이 습관이 되면 앞으로 거절은 더 힘들어지고, 영영 예스맨으로 남을 수밖에 없다.

거절 자체를 두려워할 게 아니라 옳은 것은 인정하고 틀린 것은 용기 있게 거부한다는 마음의 원칙을 세우기 바란다. 죄책감 없이 거절하는 것에 익숙해지기 위해 좀 더 집중하기 바란다. 나에게는 거절할 권리가 있음을 잊지 말아야 한다. 주체적인 삶은 바로 이 지점에서 시작된다.

자신의 성격이나 심리를 인정하는 것도 필요하다. 못났다며 스스로를 탓하거나 진짜 내 모습이 아니라고 부정해서는 안 된다. 원래 거절에 매우 민감한 사람이라는 사실을 선선히 인정하기 바란다.

그런 다음 친구나 연인에게 도움을 받자. 그들을 상대로 부담스럽다거나 싫다거나 두렵다거나 하는 마음을 솔직하게 표현하는 연습을 해보는 것이다. 그럴 만한 사람이 없다면 글쓰기를 통해 해소할 수도 있다. 어떤 일이 부담스러운지, 어떤 결과가 두려운지, 사람들의 어떤 반응이 걱정되는지 글로 적어보고 내 생각이 과연 온당한 것인지 확인해보자.

생각 훈련도 해보자. 당신의 두려움은 과한 것이기 쉽다. 정말 걱정해야 할 정도보다 더 걱정하고 더 두려워하고 있다. 최악의 시나리오를 그려보는 것이 도움이 된다. 최악의 결과를 예상해보고 그 상황에서 어떻게 할지 미리 계획해보라. 이때도 글로 적어보면 도움이 된다.

거절이 괴로운 이에게 필요한 글쓰기 형식은 다음과 같다.

- 상대가 그 일을 거절한다면 나의 감정은 어떨까?

- 상대가 거절했을 때 나는 어떻게 해야 할까?

- 그 일에서 거절을 당하거나 거절을 해야 할 때, 어떤 말을 하면 좋을까?

이용하려고 하면
이용당한다

희정 씨는 쉽지 않은 길을 걸어온 사람이었다. 힘겨운 십 대를 보냈고, 대학도 심리 문제로 휴학을 반복하며 가까스로 졸업했다. 그럼에도 자신의 심리 문제에 늘 관심을 갖고 치유에 힘썼고, 여러 차례 더 나은 회사로 직장을 옮기다가 몇 해 전에는 남들이 부러워할 만한 현재 직장으로 이직했다. 하지만 여전히 불안하고 조급한 성격 때문에 걱정이었다. 그러다 내 책을 읽고서 상담까지 받게 되었다. 그녀는 자신의 심리 문제를 책을 통해 이겨나가는 방법을 알고 싶다고 했다.

희정 씨 문제의 근원은 부모와의 관계에 있었다. 억압적인 부모 때문에 불안이 심해졌고, 여전히 부모를 원망하고 있었다. 일은 거의 완벽하게 처리하는 반면 사람들과의 관계가 항상 어려웠다. 대신 직업적인 성공에서 얻는 성취감을 통해 자존감을 높이고 자신에 대한 믿음을 쌓아가고 있었다.

상담 당시 희정 씨는 친구가 거의 없었다. 결혼한 중학교 동창 두 명이 전부였다. 성공에 대한 압박을 느끼며 사람 사귀는 것을 멀리한 이유가 컸다. 힘든 시간을 보내면서 인간에 대한 기대가 사라진 것도 하나의 이유였다.

나는 긍정적인 감정을 얻을 수 있는 가장 현실적인 방법은 역시 친구와 연인이라고 조언했다. 다행히 그녀는 내 조언을 받아들여 몇 군데 모임에 참여했고, 사람이 주는 따뜻함을 조금씩 알아가기 시작했다. 특히 요가 클래스에서 만난 두 살 많은 친구와는 함께 여행을 다닐 정도로 친해졌다. 스마트폰에 전화번호들이 하나둘 늘면서 비로소 일과 삶의 균형이 찾아왔다.

진실된 감정을 바탕으로 교제했기에 가능한 일이었다.

우리 안에는 감정이라는 동물이 한 마리씩 살고 있다. 이 녀석은 아무리 다른 것들로 유혹해도 꿈쩍 않다가 자기가 내키면 "좋아!" 하며 냉큼 나선다. 우리가 그 녀석을 소유하는 것이 아니라, 녀석이 우리를 조종한다. 사실 진짜 영리한 사람은 이 녀석을 제대로 다룰

줄 아는 사람이다.

하지만 대단히 조심해야 할 일이 하나 있다. 다른 사람 안에 있는
그 녀석을 건드려 원하는 바를 쉽게 얻으려 하는 것이다. 절대 그래
서는 안 된다. 사람의 마음을 가지고 장난을 쳐서는 안 된다.

사람들 마음을 떡 주무르듯 하는 심리조종자들은 인간관계의 달
인처럼 보인다. 당신도 그들을 보며 부러워했을는지 모른다.

요즘 나는 주변에서 그들이 참패했다는 소식을 자주 듣는다. 그
사람들은 지난 수십 년간 한국 사회에 만연했던 처세론, 인간관계
론, 대인 기술, 심리조종술을 습득해 주변 사람들에게 마구잡이로
사용했던 이들이다.

그들은 소중한 관계를 모두 잃고 '친구 빈털터리'가 되었다. 사람
들을 계속 만나는 청년 시기나 직장인 시절에는 자신의 과오를 깨
닫지 못하다가 나이가 들고 은퇴를 하고서야 그동안 맺어온 인간관
계에 발목이 잡혀 땅을 치고 후회한다. 나는 쉰 살도 안 되어 믿을
만한 친구가 하나도 없어진 사람들도 알고 있다.

우리는 심리조종자가 되어서는 안 된다. 진실이 아니라 거짓으
로 사람을 대하면 결코 오래갈 수 없다. 거짓처럼 화를 부르는 것도
없다. 느리지만 진실이 이긴다.

여전히 우리 주변에는 인간관계의 달인인 양 설레발을 치고, 사

람들 마음을 조종해 이익을 얻는 사람들이 있다. 나는 왜 그렇게 영악하지 못해 손해만 보고 사는지 한숨이 나올 때도 있을 것이다. 하지만 희소식이 있다. 그들이 한동안은 재미를 볼 수도 있지만 언젠가는 모두 패배한다.

앞으로는 그 진행이 더 빠를 것이다. 사람들의 촉이 예전보다 날카로워졌기 때문이다. 도시의 삶에서 우리는 친하지 않은 사람, 잘 모르는 사람을 자주 만나야 한다. 여러 이유에서 타인의 마음을 알아야 할 때가 많다. 그래서 타인의 마음을 읽고 싶어 하고 사람들을 능숙하게 다루는 법을 알고 싶어 한다.

아무리 비즈니스를 위한 관계라도 심리 기술 따위에 의존해서는 안 된다. 사실 비즈니스 관계일수록 진정성이 필요하다. 상대에게 신뢰감을 주지 못하면 좋은 결과를 바라기 어렵다.

정말 필요한 것은 상대의 마음을 제대로 읽는 공감 능력과 그 마음을 긍정적으로 변화시킬 훈련된 심리 능력이다.

1. 사람을 대할 때 이익을 먼저 생각하지 마라. 좋은 기분이 일을 성사시키는 것이지, 손익 계산에 따라 인간관계를 맺는다고 일이 성사되지 않는다. 상대도 나를 그렇게 대할 테고 결국 둘의 관계는 죄수의 딜레마에 빠지고 만다.

2. 신뢰 행동을 지속하라. 도시인은 서로를 잘 믿지 못한다. 갈수록 이런 현상은 심화될 것이다. 상대는 나만큼 타인에 대한 기대가 없는 사람이라고 예상해야 한다. 그러니 방법은 온달처럼 우직하게 신뢰 행동을 계속하는 것뿐이다. 정말로 상대의 호감을 얻고 싶다면 장기적으로 신뢰감을 줄 수 있는 말과 행동, 유익을 지속적으로 제공해야 한다.

3. 상대의 마음을 이해하기 위해 노력하라. 그러려면 얼마간 공부를 해야 할는지 모른다. 인간에 대한 공부나 그가 살아온 이력을 탐문할 필요가 있을 것이다. 그러니 가치관이나 취미, 좋아하는 일에 대해 물어보는 시간을 가져보기 바란다. 관찰을 통해서도 많은 정보를 얻을 수 있다. 가령 나는 브라이언 리틀의 『성격이란 무엇인가』 같은 책을 자주 권한다.

4. 자주 웃어라. 앞에서도 말한 것처럼 뒤센 미소는 정말 기뻐서 웃

는 웃음이다. 그 사람과의 사적·공적 만남에서 뒤센 미소와, 공
감과 연민이 많아지도록 노력하라. 이는 두 사람의 관계를 잇는
접착제 역할을 해준다.

5. 부정적인 소통 이후에는 긍정적인 소통의 기회를 가져라. 회의에
서 팀원들을 강력하게 비판했다면, 꼭 만회하는 기회를 만들기 위
해 노력하라. 감정이 판단으로 굳는 시간은 그리 길지 않기 때문
이다. 그 사람이 나에 대해 부정적인 인상을 갖기 전에 만회 행동
을 하기 바란다.

6. 내 안에 긍정감이 춤출 수 있게 해야 한다. 내 마음이 부정적인데
어떻게 상대와 긍정적으로 소통할 수 있겠는가? 그것은 기만이라
고밖에 할 수 없다. 내 마음이 평온하고 즐거운 것이 먼저다. 좋은
감정이 부족할 때는 차라리 관계를 피하는 것이 낫다. 내 안에 좋
은 감정이 일정 수준 이상 잘 유지되도록 마음 관리에 힘쓰기 바
란다.

7. 안성맞춤인 매개체를 활용하면 도움이 된다. 함께 따뜻한 차를 마
시면 냉수를 마시며 이야기하는 것보다 서로에 대해 더 좋은 감정
을 느낄 수 있다. 공적 관계라도 같이 영화를 보거나 등산을 하면
얼마든지 신뢰와 긍정감이 흐르는 관계를 만들 수 있다. 단, 상대
가 좋아하지 않는 매개체는 오히려 독이 된다. 늘 카페라떼를 즐기

는 사람에게 에스프레소를 선물하고 좋은 인상을 얻기는 힘들다.

8. 나의 노력에도 긍정적인 감정이 흐르지 않는 관계라면 일찌감치 단념하는 것이 낫다. 안 맞을 사람은 어떻게 해도 안 맞을 수 있다. 상대가 나쁜 사람이라서가 아니다.

9. 부담이 될 만한 부탁은 하지 않는다. 좋았던 관계가 깨지는 것은 대개 이 때문이다. 그 사람이 스스로 돕도록 하라. 내가 그에게 평소 정성을 쏟았고 그가 내 어려운 처지를 안다면 먼저 도울 것이다. 그 사람이 나를 돕지 않는다면 내가 잘못했거나 애초에 나에게 잘할 사람이 아니었던 것이다.

내 옆에 있는 질투의 화신을
물리치는 법

진아 씨는 새 직장에 취직했다. 월급도 괜찮고 일도 그리 힘들지 않아 무척 마음에 들었다. 그런데 문제가 생긴 것은 기존에 있던 직원이 진아 씨에게 시비를 걸면서부터였다. 이곳에는 인기를 한 몸에 받는 직원이 있었다. 그 직원은 진아 씨가 들어오면서 관심이 줄어 드는 걸 참지 못했다. 매력적인 외모의 진아 씨는 학창 시절부터 남들의 질투 때문에 싫은 경험을 많이 했다. 그 직원의 인기를 조금이라도 뺏는다면 문제가 생길 거라고 생각했다.

하지만 뜻대로 되지 않았다. 마침 남자친구가 없었던 것이 문제라면 문제였을까. 팀 내에는 애인 없는 남자 직원들이 여럿 있었다.

뉴 페이스인 진아 씨를 향한 남자 직원들의 관심은 갈수록 뜨거워졌다. 진아 씨로 인해 그녀는 찬밥 신세가 됐다. 그녀의 질투는 나날이 커졌다. 일을 떠넘기는가 하면 사소한 일로 트집을 잡아 들볶기 시작했다. 빤히 들리는 곳에서 험담을 하고 따돌림까지 조장했다. 윗사람들에게 정치를 벌여 억울한 일까지 생기고 말았다.

괴롭힘과 따돌림을 견딜 수 없어 진아 씨는 결국 퇴사했다.

'결혼할 사람까지 있으면서 내가 남자들의 관심을 받는 게 뭐 그리 못마땅했던 것일까?'

하지만 이성을 사이에 두고 생기는 질투는 자연발생적이다. 워낙 강한 본능이라 질투심을 억누르거나 다른 방법으로 풀기가 어렵다. 질투를 직접 표출해야 직성이 풀리는 사람들이 적지 않다.

인류는 질투의 감정을 발달시키며 진화해왔다. 우리 조상들은 짝을 지키고, 자식이 계속 내 짝의 도움을 받게 하기 위해 항상 경쟁자들을 감시하고 그들을 쫓아내야 했다. 질투가 생명과 후손을 지킨 셈이다. 질투야말로 인류를 존속시킨 힘이다.

사적 영역에서라면 질투가 심한 사람과 관계를 끊으면 그만이지만, 직장에서 질투의 화신을 만난다면 여간 성가시지 않다. 질투나 시기심 많은 동료만큼 불편한 존재도 없다.

괜찮은 직장일수록 다들 치열한 경쟁과 노력으로 입사했을 테고, 드러내지 않을 뿐 남다른 질투 유전자를 지니고 있을 가능성이 높다. 그러니 어느 날 옆 동료가 가진 만만찮은 질투 유전자를 알아차린다면 그 사람 앞에서는 좀 더 언행을 조심해야 한다. 괜히 그의 경쟁심이나 질투심을 부채질할 이유가 없다. 만약 직장 동료 가운데 그런 사람이 있다면 다음의 사실을 기억하기 바란다.

첫째, 냉정을 유지해야 한다. 그들의 질투에 분노로 맞섰다가는 원치 않는 상황으로 치달을 수 있다. 다양한 평정심 유지법을 익혀서 포커페이스를 유지할 수 있어야 한다.

둘째, 그들에게 언짢은 말을 들을 때는 자신을 돌봐주어야 한다. 언짢은 기분을 내버려 두지 말고, 스스로에게 달콤한 케이크를 사주거나 친구를 만나 그 사람의 잘못을 이야기하는 식으로 풀어내야 한다. 직장생활에서 벌어지는 살벌한 감정 전쟁에서 패배자가 되어서는 안 된다. 평소 준비해온 우군들의 힘을 얻어 내일도 씩씩하게 싸움에 나설 수 있도록 자신을 보듬고 챙기기 바란다.

셋째, 그들이 언제 질투의 화살을 쏘아댈지 모른다. 느닷없는 습격에 격분하고 우왕좌왕하고 우울해한다면 나만 손해다. 어떤 자극에도 격분하지 않는 연습을 해야 한다. 최대한 그들의 말을 참아보라. 물론 화가 날 것이다. 하지만 화내는 사람이 가장 많이 다치는 법이다. 이 책에서 알려주는 화 참는 법에 따라 격렬한 감정에 휩싸이지 않도록 자신을 보호하기 바란다.

넷째, 그들을 가엽게 보라. 대개는 심한 애정 결핍이 질투심의 원인이다. 어찌 생각하면 불쌍한 사람이다. 그렇다고 밥을 사주거나 선물을 건넬 필요야 없지만 "안쓰럽네"라고 한마디 하고 나면 마음이 한결 누그러진다.

다섯째, 그들의 잘못을 지적해야 할 때가 있다. 가장 신중해야 할 사안이다. 상대는 자신을 공격하는 것으로 느껴 앙심을 품을 것이다. 그러니 전후 사정을 좀 더 자세히 설명하고 명확하게 잘못을 짚어주어야 한다. 물론 어떻게 해도 소용없을 수도 있다. 질투란 원래 그런 것이다. 하지만 정당한 비판마저 하지 않는 것은 조직 전체에 해를 끼치는 일이다. 그러니 필요한 비판은 용감하게, 하지만 신중하게 하기 바란다.

여섯째, 어제 산 멋진 가방이 질투심을 활활 불타게 할 수도 있으니 그들 앞에서는 가급적 고개 숙인 벼로 지내는 편이 낫다. 내가 왜 그래야 하는지 답답하겠지만, 직장에서 답답한 일이 어디 이뿐일까. 조심해서 걷는 게 귀찮다고 함부로 다니다가 어이없이 소똥을 밟을 수 있는 것이 인생이고 직장생활이다.

일곱째, 정 안 되겠다 싶을 때는 그만하라고 강력하게 경고하라. 그는 생각보다 겁쟁이일 수도 있다. 나의 단호한 대응이 썩 잘 먹힐 수도 있다. 효과가 있고 없고를 떠나서 못 참겠다 싶을 때는 다시는 함부로 하지 못하도록 쐐기를 박아둘 필요가 있다.

마지막으로 그들의 개성을 인정하고, 사태를 통찰하기 위해 노력해야 한다. 노여워할 필요도 없고 동정할 필요도 없다. 원래 그런 사람이니 그럴 수밖에 없다고 받아들이면 조금 마음이 편해진다.

더 이상 그 사람의
들러리로 살지 마라

홍 팀장 때문에 준기 씨는 입사 이래 하루도 마음 편할 날이 없었다. 명문대를 졸업하고 좋은 직장에 취직했다고 기뻐한 것도 잠시, 홍 팀장이 왜 그토록 자신을 괴롭히는지 이해할 수가 없었다. 그렇다고 홍 팀장이 화를 내거나 하는 것도 아니었다. 사실 선임 가운데는 분노조절장애가 있는 사람이 이미 한 명 있었다. 그는 자신이 화를 참지 못한다는 사실도 잘 알았다. 성격 문제로 이혼까지 했다. 그가 버럭 화를 내는 것은 오히려 참아줄 만했다. 반면 홍 팀장은 납득할 수 없는 언행을 했다.

"애인도 없다며. 일요일에 놀면 뭐 해. 나도 나올 테니까 준기 씨

86

도 나와. 어때, 공평하지? 나와서 남은 일 좀 같이하자."

　카톡으로 새벽이나 저녁 늦게 업무 지시를 내리는 일도 많았다. 일과 상관없는 사적인 부탁도 했다. 다른 사람 입장을 헤아리는 공감 능력이라곤 없는 사람이었다. 그런 홍 팀장이 일을 잘하는 사람으로 회사의 신임을 받으니 더 속이 터졌다.

　'저런 게 일 잘하는 능력인가? 게다가 저런 사람이 결혼까지 했다니! 나도 이렇게 힘든데 사이코패스와 같이 사는 부인의 심정은 어떨까.'

　입사 전까지 아무 문제도 없었던 준기 씨는 우울증에 걸릴 지경이었다. 준기 씨는 자신의 예스맨 기질이 문제가 아닐까 고민했다. 그래서 상담도 받았는데 검사를 해보니 정말 우울증이 생길 정도로 힘든 지경이었다.

　사이코패스는 상대의 아픔이나 근심을 전혀 이해하지 못하는 정신적 문제를 가지고 있다. 그래서 이들을 '공감 제로zero degrees of empathy'라고 부르기도 한다. 성공한 사람들 가운데는 그 비율이 더 높다. 영국에서 이루어진 조사에 따르면 대기업 CEO 가운데 3.5퍼센트가 사이코패스였다. 평균이 1퍼센트이니 3.5배에 달하는 수치다.

　홍 팀장은 준기 씨 생각처럼 사이코패스는 아니지만 공감 능력이 떨어졌다.

준기 씨는 자기주장 훈련을 시작했다. 상대의 눈치를 보지 않고 자신의 감정과 생각을 최대한 말로 표현하려고 연습했다. 한 달 정도 지나자 준기 씨는 반격을 시작할 수 있었다.

그날도 홍 팀장은 멀쩡한 기획서를 두고 딴죽을 걸었다. 준기 씨의 기획서는 전체 회의에서 좋은 평가를 받고 난 후였다.

"그런데 말이지, 이 소비 트렌드 분석 부분 자료가 좀 부실한 것 같지 않아?"

기다렸다는 듯이 준기 씨는 정색을 하며 쏘아붙였다.

"다들 좋다고 하는데 팀장님만 공감이 안 되나 봐요. 정 그렇다면 팀장님이 직접 해보시는 게 어때요?"

준기 씨는 그때 홍 팀장 표정을 봤어야 한다고 했다. 사진을 찍어 두고 싶을 정도였다고. 그날 저녁, 준기 씨는 통쾌한 기분에 오랜만에 발 뻗고 잘 수 있었다.

그 후로도 여러 차례 의도적으로 반격을 펼쳤다. 공감 능력이 떨어지는 사람에게는 좀 더 강하게 내 감정을 표현해주어야 한다. 그래야 그들은 비로소 타인의 마음을 자신의 머릿속에 입력할 수 있다. 느끼지는 못해도 입력해서 조금은 조심하게 된다.

소심한 홍 팀장은 얼마 지나지 않아 딴 사람처럼 변했다. 준기 씨에게 말을 할 때 눈치를 보기 시작한 것이다. 그래봤자 헛다리 짚는 소리만 하는 건 여전했지만 말이다.

직장생활에서 우리가 마음을 다치는 이유 가운데 하나가 공감 능력이 부족한 사람들의 만행 때문이다. 타인의 마음을 읽고 입장 바꿔 생각하는 능력이 크게 떨어지는 그들은 우리를 힘들게 한다. 그러나 정작 본인은 악의가 없을 때가 많다.

"이 정도 일이야 대충해도 다 할 수 있는 거 아냐."

그들의 표정을 관찰해보라. 그런 말을 던지고도 아무렇지도 않다. 상대의 마음이 전혀 보이지 않기 때문이다.

사실 사이코패스라도 공감 능력이 전혀 없지는 않다. 다만 공감 능력을 쓰기가 힘든 것이다. 그림에 흥미도 소질도 없는데 몇 시간 동안 억지로 미술 시간을 버티는 것처럼 힘겨운 일일 뿐이다. 치료받아야 할 진성 사이코패스가 아니라면, 나를 괴롭히는 내 상사, 동료, 후배에게도 공감 능력이 존재한다. 그러니 그들의 작은 공감 뇌를 좀 더 세게 두드려줄 필요가 있다. 이렇게 자주 말하라.

"팀장님, 그러시면 이 대리가 많이 섭섭하지 않을까요?"
"김 과장, 그렇게 말하는 게 틀린 건 아니지만, 상대방 기분도 좀 생각하며 말해야지."
"정 대리, 아무리 신입이라도 그렇게 몰아치는 건 잘못하는 거야."

이렇게 브레이크를 걸어주는 것이 나를 위해서도 꼭 필요하다. 그런데 안심하라. 그들은 이런 신랄한 지적에도 생각보다 충격을 받지 않는다. 아무튼 이런 작은 용기가 모여 우리가 함께하는 공간을, 그 사람을 좀 더 인간적으로 변화시킨다.

어딜 가나 나쁜 사람이 있다. 타고나길 나쁜 사람도 있고, 나쁜 심보를 먹고 있는 사람도 있다. 그리고 남의 마음을 잘 읽지 못해 끊임없이 상처 주는 사람도 있다. 가장 나쁜 경우겠지만, 다른 사람에게는 잘하면서도 유독 내게만 악독한 사람도 있다. 사적 관계라면 최대한 빨리 헤어지는 것이 마땅하다. 심리치료사가 아닌 이상 그들의 성격을 개조하는 것은 불가능하다. 고칠 것 같았으면 이미 그의 부모나 배우자가 고쳤을 것이다.
문제는 공적 관계다. 그럴 때는 준기 씨가 했던 것처럼 용기 있는 자기주장으로 단단한 방어막을 칠 수 있어야 한다. 불편하고 기분이 나쁘다는 표현을 멈추지 말아야 한다. 너무 위축될 필요는 없다. 그 사람은 이미 그런 이야기를 다른 사람에게서 숱하게 들었을 테니까. 그러니 내 이야기는 그에게 '앞으로는 말조심을 좀 해야겠네' 정도의 충격 이상을 주지 않는다. 그가 앙심을 품는다 해도 최악의 시나리오대로 흘러가지 않을 수 있다.

험난한 인간관계 속에서 중심을 잡고 마음을 다치지 않으려면 나쁜 사람이 내 인생에 훼방을 놓을 때 용기 있게 맞서야 한다. 피할 수 없을 때는 맞서야 한다. 나중에 치를 떨며 떠나는 한이 있어도 맞설 수 있을 때까지는 맞서봐야 한다. 인간사는 누구도 알 수 없다. 뜻밖에도 이순신의 명량 해전 같은 대승을 거둘 수도 있다.

중요한 것은 내 소중한 마음이 다치지 않게 보호하는 일이다. 마음이 다쳐서 일도, 사랑도, 관계도 잘할 수 없게 된다면 이보다 더 큰 손해가 없다. 그러니 살벌한 인간관계 정글에서 가장 우선해야 할 것은 내 마음이 다치지 않는 것이다.

가짜 관계가 아닌
진짜 관계에 집중해야 한다

여러 이유로 나는 최근까지 2G폰만 쓰다가 스마트폰을 샀다. 그러면서 스마트폰을 잡고 있는 시간이 크게 늘었다. 솔직히 말하면 아기가 처음 달콤한 사탕 맛을 본 것처럼 스마트폰에서 헤어나지 못하고 있다. 현대인의 독특한 정신은 다양한 중독을 낳는다. 스마트폰이 우리 삶에 들어온 지 20년도 안 된 것을 감안하면 지금 이 현상은 신기하기만 하다.

당신은 어떤가? 하루에 2시간 이상 사용하고 있다면 의존이나 중독을 의심해야 한다.

영국에서 만들어진 신조어 '노모포비아nomophobia'는 'no'와 스마트폰mobilephone과 공포phobia가 합쳐진 말인데, 스마트폰이 눈에 보이지 않거나 깜박 놔두고 외출하면 불안을 느끼고 심하면 패닉에 빠지는 증상을 일컫는다. 아마 노모포비아 증상을 가진 사람이 전 세계에 수천만 명은 넘지 않을까?

이십 대 후반의 현진 씨도 그중 한 명이었다. 몇 년간 이 직장에서 저 직장으로 이직을 거듭하는 사이, 그녀의 노모포비아는 점점 심해졌다.

스스로 사표를 쓰고 나와 실직 중인데도 스마트폰에 빠져 새 직장을 얻기 위한 노력을 제대로 못 하고 있었다. 현진 씨의 경력 정도면 괜찮은 회사에 들어가는 게 그리 어렵지도 않은데 말이다.

이전 직장에서 그녀는 살인적인 노동에 시달렸다. 상사는 직원들을 기계 부품 정도로 아는 사람이었다. 주말에도 아르바이트까지 하느라 삶에 도무지 휴식이란 것이 없었다. 365일 컴퓨터 앞을 벗어나질 못했다. 디자인 일은 예술적 재능을 발휘하는 직업이 아니라 점점 고된 육체노동이 되어갔다.

하지만 상담을 해보니 그녀가 쉬지 못하는 진짜 이유가 드러났다. 그녀는 틈만 나면 스마트폰으로 쇼핑을 하거나 웹툰을 봤다. 특히 웹툰 보기는 그녀의 큰 낙이었다. 아무래도 미술 전공자여서 다른 사람보다 더 꼼꼼히 그림을 살피는 편이었다. 웹툰 작가가 되고 싶은 생각도 있었기에 웹툰을 보는 시간이 남들보다 훨씬 길었다.

웹툰만 보고 나머지 시간은 일에 집중한다면 다행이겠지만 밀린 드라마도 보고 연예 기사도 읽어야 하고 인터넷 쇼핑몰까지 섭렵하다 보면 항상 일할 시간이 모자라 밤을 새우기 일쑤였다. 게다가 거의 온종일 메신저에서 눈을 떼지 못했다. 직장 상사나 예의 없는 동료들에 대해 친구들과 카톡으로 수다를 떨다 보면 몇 시간이 훌쩍 지났다. 업무 시간에 메신저로 동료나 상사 흉을 보는 것만큼 긴장감 넘치고 재미있는 일도 없었다.

또 친구들을 자주 볼 수 없으니 쇼핑몰을 돌며 괜찮은 물건을 골라 택배로 보내는 취미가 있었다. 그래서 친구들에게 인기가 있었다. 이러니 24시간이 모자라기만 한 현진 씨였다. 특히 일할 시간이 한참 모자랐다.

퇴사하기 직전에는 야근과 밤샘이 잦아지면서 계속 야식을 먹고 그 때문에 체중이 늘었다. 몇 달 사이에 무려 15킬로그램이나 늘어 사람 만나기가 꺼려지기까지 했다. 친구가 해주기로 한 소개팅을 계속 미루는 이유도 그 때문이었다.

게다가 현진 씨 위에 있던 깐깐한 상사는 일을 제대로 못 한다고 핀잔하기 일쑤고, 열심히 만든 디자인을 처음부터 다시 하라고 지시해 좌절감을 안기곤 했다. 무던한 성격, 아니 착한 아이였던 현진 씨도 결국 폭발해 상사와 거의 욕설까지 오가는 언쟁을 벌이고서 회사를 그만두었다.

웹툰을 너무 봐서 문제라는 그녀의 진단은 잘못된 것이었다. 사람들과 만나 즐겁게 시간을 보내고 싶은 건강한 욕구가 막힌 것이 진짜 이유였다. 제일 친한 친구와도 한 달째 못 만나고 있었고 3년째 남자 친구도 사귀지 않고 있었다. 인간의 가장 원초적인 관계 욕구가 극도로 차단된 생활이었다.

현진 씨가 나를 찾아왔을 때 그녀는 스마트폰에만 중독된 게 아니라 음식 중독 증상도 심했다. 친구들을 만나지 못하니 상사와의 관계에서 오는 불편함을 인터넷과 음식으로 풀어온 것이다.

자신의 감정을 잘 읽을 수 있도록 안내하는 동시에 자기주장 훈련에 대해 알려주었다. 그녀는 상담 중에 다시 직장을 구했고 배운 대로 자기주장을 하면서 사람들과 소통하는 일에 도전했다. 상사에게는 한마디도 못 하며 그저 "예, 예" 해왔던 현진 씨가 달라졌다. 그러면서 스마트폰 중독에서도 차차 벗어날 수 있었다.

남성에 비해 여성의 공감 능력은 15퍼센트 정도 더 뛰어나다. 공감 능력을 담당하는 뇌세포가 15퍼센트 이상 많기 때문이다. 그래서 여성들이 SNS에 중독되기가 쉽다.

우리는 쉽게 중독에 빠진다. 그리고 중독은 결핍에서 비롯된다. 누구나 바라는 것, 욕망하는 것이 있고 그것이 채워지지 않을 때 중독 대상을 찾는다.

온당한 욕구라면 바른 해소법을 찾아 제대로 해소해주어야 한다. 나쁜 욕망이라면 다른 것으로 대체해 적절히 풀어내야 한다. 가령 승부욕을 도박 사이트가 아니라 배드민턴이나 마라톤 같은 스포츠로 풀어야 한다.

만약 SNS 중독이라면 관계 욕구부터 살펴야 할 것이다. 일단 당신의 SNS 의존도부터 알아보자. 다음은 내담자들에게 자주 사용하는 중독 체크리스트다. '무엇'에 당신이 지금 집착하는 대상이나 행위를 넣고서 체크하면 된다. '무엇'이 SNS라면 SNS 중독 수준을 알 수 있다.

1. 무엇을 하느라 시간 가는 줄 모른다.

2. 무엇이 자꾸 생각난다.

3. 무엇을 전보다 더 오래 해야 만족할 수 있다.

4. 무엇을 하는 시간이 점점 더 짧게 느껴진다.

5. 무엇을 하는 시간이 갈수록 늘어난다.

6. 조절해보려 했지만, 무엇을 하는 것을 조절할 수 없다.

7. 그만해야지 하면서도 계속 무엇을 하게 된다

8. 무엇을 하지 못하면 불안하고 짜증, 화가 난다.

9. 무엇을 하는 것 때문에 일상에 지장이 생긴다.

10. 무엇을 하고 싶은 마음 때문에 힘들다.

3개 이상이라면 의존성이 있는 상태이고, 5개 이상이면 중독을 의심해야 한다. 7개 이상이면 중독이 진행된 상태라고 할 수 있다. 한두 개만 해당한다 해도 안심해서는 안 된다. 내가 SNS를 하는 것인지, SNS가 나를 조종하는 것인지 잘 따져보아야 한다.

SNS 중독의 문제는 얻는 유익에 비해 에너지와 시간 낭비가 너무 많다는 것이다. SNS를 할 시간에 친구를 만나 차를 마시는 편이 훨씬 낫다. SNS에서 느끼는 충족감은 가짜일 때가 대부분이다. 나는 그 사람과 좋은 관계를 맺고 있다고 생각해도 정작 상대는 그렇지 않다. SNS에 글과 사진과 이모티콘을 도배한들 그 사람과 단 한 시간이라도 직접 만나 수천 개의 표정, 몸짓, 감정, 언어를 나누는 것에 훨씬 못 미친다.

게다가 내 이야기가 인기 연예인의 스캔들 기사도 아닌데 큰 관심을 얻기도 힘드니 계속 많은 시간을 쏟아 부어야 하는 악순환이 생긴다. 우리가 가짜 관계가 아닌 진짜 관계를 맺어야 하는 이유다.

중독에서 벗어나 나답게 사는 법 ───────────

1. 집착하는 대상과 관련된 행동을 하루에 얼마나 했는지 꼼꼼히 기록한다. 일기 형태가 바람직하다.

2. 중독이 주는 쾌락을 대신할 기쁨을 늘린다. 독서, 음악 듣기, 맛있는 음식 먹기, 글쓰기, 친구 만나기 등 좋아하는 일을 하며 중독 대상을 이용하는 시간을 줄인다.

3. 중독 행동을 참는 훈련을 한다. 실패하거나 오래 버티지 못해도 괜찮으니 반복해 도전한다.

4. 숲길 걷기, 애완견 키우기, 요리하기 같은 건전한 일상을 통해 통제력을 높이는 경험을 많이 한다. 마음이 평온할 때 하루, 혹은 일주일 치 스케줄을 작성해본다.

5. 가까운 이에게 중독을 알리고 도움을 받는다. 그 사람과 함께 영화를 보거나 담소를 나눈다.

6. 자신의 갈망에 대한 관조적인 글을 써본다. 글쓰기는 가장 좋은 방법이다.

7. 해당 중독에 관한 믿을 만한 해결책이 담긴 책을 참고한다. 가령

식욕과 비만 때문에 힘든 경우, 수잔 앨버스의 『음식 없이 나를 위로하는 50가지 방법』 같은 좋은 책이 있다. 그런데 SNS 중독에 대한 좋은 책을 찾기 힘들지 모른다. 그만큼 새로운 중독이다.

8. 독서 모임을 가져본다. 나는 이십 대 때 한꺼번에 대여섯 개의 독서 모임에 참여한 적이 있다. 수줍은 성격이라 말도 잘 못 했지만 대인관계 능력도 늘었고 다른 사람들이 하는 이야기를 들으면서 배우는 것이 참 많았다. 살면서 가장 기억에 남는 경험 가운데 하나다.

먼저 요구하지 않으면
원하는 걸 얻을 수 없다

정민 씨는 얼마 전 동료들과 시사 문제를 두고 설전을 벌이다가 결국 백기를 들고 말았다. 그 일이 너무 분해서 밤잠을 못 이뤘을 정도다. 사실 그는 중고등학교 시절부터 상대를 잘 설득하지 못하는 것이 고민이었다. 언변이 부족한 게 문제라고 생각해 스피치 학원을 알아보기도 했다.

요즘 들어 정민 씨 같은 사람이 늘고 있다. 논쟁에서 진다고 큰일 나는 것도 아니고 좀 져주면 어떤가 싶지만, 지금은 상대를 설득해야만 살아남을 수 있는 세상이다. 나의 아이디어나 기획을 상대에게 설득해야 하고, 나의 상품을 상대에게 팔아야 하다 보니 우리는

'설득하는 인간'이 되고 말았다. 또 반대로 쉽게 설득당하지 않는 사람이 되어가고 있다.

설득의 기술에 대해 물어보는 사람에게 나는 다니엘 핑크의『파는 것이 인간이다』라는 책을 추천한다. 무언가를 판다는 것은 첨단의 설득 영역이다. 이 책에 의하면 물건을 잘 팔기 위해서 꼭 필요한 세 가지는 동조, 명확성, 회복력이다.

회복력이 필요한 이유는 거절을 밥 먹듯이 당해야 하는 세일즈 영역에서는 거절당할 때마다 오뚝이처럼 다시 일어나야 하기 때문이다. 거절 민감성이 높은 사람이라면 자신의 성향을 잘 파악하고 거절당하는 연습을 해야 한다.

명확성은 지금의 상황과 제품의 특징을 이해하고, 상대의 니즈를 명확히 파악하는 능력이다. 학원에 가서라도 꼭 배워야 하는 것이 있다면 바로 이것이다.

나는 핑크가 첫째로 꼽고 있는 동조에 관심이 많다. 그리고 사람들에게 이 책을 권할 때마다 동조 부분을 주의 깊게 읽어보라고 당부한다. 상대에게 동조를 얻기만 하면 사실상 게임은 끝이다. 그게 아니라도 절반은 성공한 셈이다.

그런데 동조는 무턱대고 남의 말을 따르는 것이 아니다. '적응'이라는 단어로 설명하면 좋을 것이다. 정민 씨에게는 '눈치'라고 설명했다. 핑크는 동조란 자신의 행동과 견해를 다른 사람의 생각에 조화롭게 맞추고, 주어진 상황에 맞춰 지혜롭게 변화시키는 것이라고 했다.

상대가 내 생각에 따르게 하려면 그가 가진 생각을 잘 파악해 받아들여야 하고, 때로는 그의 생각이 바뀔 수 있도록 새로운 정보나 의견을 인상적으로 제공해야 한다. 때에 따라서는 상대를 모방하는 능력도 필요하다.

핑크는 세일즈맨이라면 환경에 자기 몸 색깔을 맞추는 카멜레온 같아야 한다고 조언한다. 실험을 통해 밝혀진 사실인데 상대의 말과 몸짓을 따라 하면 더 좋은 관계, 더 빠른 설득이 가능하다. 이를 '카멜레온 효과'라고 한다.

나는 정민 씨에게 TV에 나오는 사람을 보면서 그의 말이나 몸짓을 따라 해보라고 처방했다. 꽤 익숙해졌을 때 정민 씨는 실제 인간관계에 적용해보았다. 처음에는 상당히 애를 써야 가능했으나 얼마 지나지 않아 상대의 말이나 몸짓을 따라 하는 것이 제법 자연스러워졌다. 동료가 "외근 나갔다 왔는데, 정말 힘들었어"라고 말하면 힘든 표정을 따라 지으며 "정말 힘들었겠다"라고 말할 수 있게 된 것이다.

모방 행동은 상대로 하여금 '내 말을 잘 듣고 있네' '저 이가 내 생각에 많이 동조하는구나' 같은 느낌을 준다. 내게 친밀감을 느끼게 하고, 따라서 내 의견을 수락할 가능성도 훨씬 커진다.

동조의 핵심은 공감이며, 동조의 첫 단계도 공감이다. 우선 상대의 말을 진심으로 경청하는 것이 필요하다. 진심으로 경청한다는 것은 상대가 준 정보를 정확하게 기억하고 이해하는 것만을 뜻하지 않는다. 그보다는 상대가 전한 감정 메시지들을 잘 캐치하고 그 것을 내가 잘 받아들였다는 사실을 재빠르게 표현하는 반응 능력에 가깝다. 서툴더라도 나는 당신의 감정을 계속 주목하고 있다는 신호를 말로, 표정과 몸짓으로 계속 보내야 한다.

"어제 늦게까지 야근해서 그런지 피곤하다"라고 했을 때, "상반기 사업 보고서 때문이야?"와 같이 건조하게 반응할 게 아니라 안쓰러운 표정을 지어보자.

"하룻밤 사이에 얼굴이 핼쑥해졌네. 고생 많지? 오늘은 집에 일찍 가서 푹 쉬어."

상대를 설득하기 위해서는 이처럼 감정적인 교류, 그중에서도 긍정적인 감정의 교류가 중요하다. 감정적인 교류 없이 바로 설득으로 들어가서는 좋은 성과를 내기 어렵다.

정민 씨에게 이런 이야기를 해주면서 동료와의 관계에 대해 물었더니 유독 자신의 말에 토를 달고 매번 반박하는 동료 때문에 두통이 생길 지경이라고 했다. 하지만 정민 씨는 동료가 그러는 이유를 모르고 있었다. 나는 이렇게 분석했다. 그가 정민 씨의 어떤 점을 못마땅하게 여기고 있으며, 좋지 않은 감정이 있으니 쉽게 넘어갈 만한 말도 꼬투리를 잡는 것일지 모른다고 말이다.

정민 씨는 그 동료와 단둘이서 술자리를 가졌고, 그가 자신에게 불만이 상당하다는 사실을 알게 되었다. 정민 씨는 그에게 작성해서 전해야 할 서류를 몇 번이나 딜레이한 적이 있었다. 그 일 때문에 동료는 여러 번 곤욕을 치렀다.

그날 술잔을 기울이며 두 사람은 조금이나마 앙금을 풀었다. 그 후로도 정민 씨는 여러 번 화해의 메시지와 함께 긍정적인 감정의 말을 건넸다.

어느 날 시사 문제를 두고 또 한 번 논쟁이 벌어졌다. 최근 화제가 되었던 '펜스룰'이 과연 옳은가 하는 문제였다.

정민 씨는 서로 부족한 관계 능력을 더 배워나가야지 여성을 배제하는 건 잘못이라는 주장을 폈다. 입시교육만 받느라고 인간관계 경험, 특히 남녀관계 경험이 부족한 것이 진짜 문제니 지금이라도 서로 어울리며 어떻게 상대를 대해야 할지 차근차근 배워야 한다는 의견도 개진했다.

과장과 남자 직원 두 명은 펜스룰 옹호를 시종일관 고수했다. 논쟁은 회식 자리까지 이어져 '100분 토론' 비슷한 것이 되었다. 정민 씨는 평소 마음에 두고 있던 여직원이 옆에서 지켜보고 있어서 이번만큼은 논쟁에서 이기고 싶다는 생각이 간절했다.

그런데 그 동료가 정민 씨 편을 들기 시작했다. 우군이 한 명 생기자 천군만마를 얻은 것처럼 힘이 났고 결국 그 토론에서 정민 씨가 최종 승리자가 되었다.

진화심리학에 따르면, 남성들은 여성이 옆에 있을 때 장광설을 펼치기를 대단히 좋아한다. 자신의 언변을 이성에게 자랑하고 싶은 본능 때문이다. 어쩌면 성적 매력을 뽐내려는 본능적 욕구가 논쟁을 하는 진짜 이유일 수 있다. 여성 청중이 지켜보는 가운데서 토론에 승리했을 때, 마치 개선문을 들어서는 나폴레옹 같은 표정을 짓는 것은 그 때문이다.

어쨌든 동료와의 관계가 개선된 덕분에 정민 씨는 다른 사람들을 설득할 수 있었다. 감정적 교류가 있었기에 그를 설득할 수 있었고 그의 지원으로 세 명의 상대를 거뜬히 이길 수 있었다.

Chapter 3

관계를 정리하면
일도 삶도 편해진다

관계 루저 VS. 관계 달인,
당신은 어느 쪽일까?

누구나 한 번쯤은 인기투표를 해본 적이 있을 것이다. 인기투표는 집단의 관계 양상을 파악하는 좋은 방법 중 하나다. 다만 좋아하는 사람을 딱 한 명만 꼽는 게 아니라 두세 명쯤 꼽아야 관계 양상이 잘 드러난다. 예를 들어 팀 구성원들에게 누구와 친한가를 물어보고 그 결과를 그래프로 나타낼 수 있다.

심리학에서 이를 '소시오그램sociogram'이라고 한다. 조직 내 친소 정도를 알아내는 효과적인 방법이다. 팀이 만들어지고 서로 친해진 몇 달 후 이 테스트를 하면 구성원 간의 관계 양상이 잘 드러난다.

이 그래프를 보면 용우 씨는 '왕따'가 아닐까 의심해볼 수 있다. 용우 씨를 좋아하거나 친하다고 답한 사람이 없기 때문이다. 만약

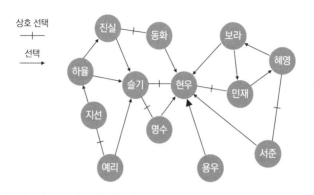

내가 용우 씨 같은 처지라면 등골이 오싹할 수도 있을 것이다. 우리는 용우 씨 같은 사람을 대인관계 능력이 부족하다고 쉽게 말한다. 하지만 그가 그렇게 된 데는 사실 조금 더 복잡한 원인이 존재할 수 있다. 나는 용우 씨 같은 사람을 자주 만나는데, 그들의 인간관계가 힘든 원인은 생각보다 많다.

우선 성격적인 요인이 있다. 타고나기를 내향적이고 친화성이 떨어지는 성격이 있다. 지나치게 예민한 성격도 인간관계를 어렵게 한다. 성장하면서 사회성을 충분히 기르지 못해 인간관계를 힘들어하는 경우도 있다. 이런 경험 부족이야말로 가장 큰 원인이다.

남녀가 섞인 집단에서는 그 원인이 더 복잡해진다. 남성은 여성의 심리를 모르고 여성은 남성의 심리를 몰라 벽이 생긴다. 주로 남자들과만 지내 여성과의 소통 경험이 부족한 탓에 이성과 잘 못 지내는 남성이 의외로 많다.

더러는 상처 때문에 사람들에게 다가서지 못하기도 한다. 부모와 원만한 소통을 하지 못했거나 어릴 적 따돌림 같은 불행한 경험을 했다면 인간관계가 힘들 수 있다. 비관적 세계관이 문제가 되기도 한다. 인간관계 역시 비관적으로 생각하기 때문이다. '사람은 만나서 뭐 해' 같은 생각을 가졌다면 상대에게 호감을 얻기 힘들 것이다.

공감 능력 부족도 하나의 원인이다. 공감 능력이 떨어지는 사람은 기피 대상이 되기 십상이다. 공적인 관계는 어쩔 수 없이 맺는다고 해도 사적인 관계를 맺고 싶어 하지는 않는다.

다시 한번 그래프를 보자. 용우 씨와는 반대로 여러 사람의 호감을 받은 슬기 씨나 현우 씨가 있다. 소위 인기녀, 인기남이다. 번거로울 일이 많을 것 같아 이들처럼 되고 싶지 않은 사람도 있겠지만, 우리들 대부분은 사람들에게 인정과 관심을 받고 싶어 한다. 인정 욕구는 인간이 가진 보편적인 심리다.

지선 씨와 예리 씨처럼 비록 여러 사람에게 호감을 얻지 못했지만 서로에게 호감을 느끼는 사이라면 이 역시 나쁘지 않다. 친하게 지내는 친구 하나만 있어도 단체생활이 어렵지 않다. 이런 양상이 가장 적당하다고 생각하는 사람도 있다.

당신이 맺고 있는 여러 인간관계에서도 이런 소시오그램이 매번 다시 그려지고 지워지기를 반복할 것이다. 흥겨운 파티처럼 관계 양상이 급변하는 상황도 있지만, 초등학교 동창 모임처럼 여간해서는 관계 양상이 변하지 않는 집단도 있다.

소시오그램이 공개되면 체면이 깎일 사람이 많으므로 이를 공개적으로 조사하거나 발표하는 일은 드물다. 인권 침해와 낙인 효과의 우려가 크다. 그러니 내가 속한 집단의 관계 양상은 잘 모르는 경우가 많다. 지선 씨와 예리 씨는 친하고, 용우 씨는 왕따고, 슬기 씨는 인기가 많다고 대충 짐작할 뿐이다.

그러나 속단해서는 안 된다. 도대체 누가 사람 속을 시원히 알까? 정말 나를 좋아하는지 아니면 다만 이용하고 있는지를 알 수 있을까? 좋아하는 체하는 이유를 알아내기도 쉽지 않다. 지나고 보면 '아, 그 사람의 호의가 가짜였구나' 하고 가슴을 칠 때가 얼마나 많았던가?

인간은 관계를 맺으며 산다. 우리는 고립된 존재로 살아가기 힘들다. 한 사람이 적어도 대여섯 개의 공적·사적 집단에 속한 채 살아간다. 그런데 어느 집단에서나 관계에 능한 달인이 있는 반면, 가족이나 동창 같은 예외적인 집단 말고는 인간관계를 맺기가 어려운 관계 루저도 있다. 이런 말을 써서 미안하지만, 관계 루저가 돼서는 안 될 것이다.

인간관계에 큰 노력을 기울이지만 늘 좋지 않은 결과에 낙담하는 사람이 있을 테고, 애초에 인간관계의 가치나 중요성을 느끼지 않아 일찌감치 주변 사람들에게 등을 돌린 사람도 있을 것이다.

사람마다 사정이 있지만 한국인은 아무래도 후천적 요인을 무시할 수가 없다. 선진국에서는 사회성이 중요한 자질과 재능으로 평가받는다. 하지만 한국 사회는 다른 능력을 몇 배 더 중시한다. 우리들 대부분은 사회성을 길러야 할 학창 시절에 문제집과 씨름하며 친구를 제대로 사귀지 못했다. 수학 문제는 잘 풀어도 인간관계는 잘 못 푸는 사람이 되고 말았다.

'불통 사회'라는 말이 괜히 나온 게 아니다. 하지만 낙담할 필요는 없다. 자책할 일도 아니다. 관계 능력 역시 노력으로 얻을 수 있다. 부족하면 다시 채우고, 익히면 된다. 그러니 지금 필요한 것은 인간관계에 좀 더 시간을 들이고 정성을 쏟는 일이다.

다만 당부하고픈 한 가지는 대인관계 능력이란 상대를 잘 구슬려 이익을 극대화하는 것이 아니라는 점이다. 이런 마음가짐으로는 오히려 인간관계에서 재앙을 맞이할 수 있다. 대인관계 능력이란 원만한 소통으로 갈등을 조정하고 긍정적인 정서를 교류하는 능력이다. 어쭙잖은 처세술이나 대인 기술이 아니라 감정을 능숙하게 표현하고 다루는 관계감정 능력이다.

　관계 달인이 되려면 관계감정 능력을 키워야 한다. 굳이 관계감정 능력이라고 하는 이유는 소통에서 감정은 너무나 중요하기 때문이다. 관계감정 능력을 키우기 위해서는 다음 사실들에 유의해야 한다.

　우선 내가 속한 인간관계를 세심하게 점검해보자. 쉽게 복구할 수 있는 관계도 있겠지만, 복구가 영영 불가능한 관계도 존재한다. 아예 새로운 관계가 필요한 사람도 많을 것이다. 관계감정 능력도 당연히 한계가 있다. 무한정 쓸 수가 없다. 그러니 내 관계감정 능력을 써야 할 인간관계를 정하고 그 수준을 고민해야 한다. 계속 안고 갈 사람인지 버리고 갈 사람인지 정해야 한다.

　그다음엔 내 관계감정 능력이 어느 정도인지 테스트해보자. 수치로 알아보고 싶다면 김주환 교수가 쓴 『회복탄력성』을 참조하자. 관계 능력 외에도 다양한 마음 근력(심리 능력)을 측정할 수 있다.

　관계감정 능력 역시 매일매일의 훈련으로 성장한다. 일단 연습해볼 대상을 물색한 다음 하루에 한 시간 정도 꾸준히 훈련하자. 훈련할 때는 결과를 잘 모니터링할 필요가 있다. 어떤 노력이 어떻게 좋은 결과를 가져왔는지 예의주시하자.

안고 가야 할 사람,
버리고 가야 할 사람

우리에게는 인간관계에 필요한 감정이 있고, 인간관계를 힘들게 만드는 감정이 있다. 사랑, 희망, 연민 같은 감정은 도움이 되지만 미움, 시기, 질투, 분노 같은 감정은 해가 된다. 그런데 인간관계는 긍정적인 감정만으로 유지될 수 없다.

가령 나쁜 언행을 일삼는 사람이 있다고 치자. 그런데 그 사람을 곁에 두고 보아야 한다. 가장 싫은 상황이다. 그런 사람조차 좋은 감정으로 대해야 할까? 미워하고 분노하고 혐오하는 마음을 억눌러야 하는 걸까?

미움으로 시간과 에너지를 낭비해서도 안 되겠지만, 여럿에게 피해를 주는 사람을 마냥 내버려 둬서도 안 된다. 미꾸라지 한 마리가 순식간에 물 전체를 흐릴 수 있으니 경계 태세를 늦추지 말아야 한다. 그런 사람과 깔끔하게 관계를 끊고 살 수 없다 하더라도 그들로부터 자신과 다른 구성원을 보호하기 위한 노력을 멈추지 말아야 한다. 얼른 미꾸라지를 한 마리를 낚아채 어항에 가두어야 한다.

하지만 그가 직장 상사라면 어떻게 해야 할까? 현재까지는 싫으면 중이 떠나야 하는 게 현실이다. 한국에서 이직률이 높은 까닭이기도 하다.

그렇더라도 비책이 남아 있다. 어쩔 수 없이 계속 만나야 한다면 그를 내 사적 관계로까지는 끌어들이지 않기 위해 무관심과 무시로 방어하는 것이다. 이는 내 감정을 지키는 마지막 보루다. 관심을 가져야 할 사람에게는 좀 더 애정으로 대하고, 무관심해야 할 사람은 최대한 불협화음을 일으키지 않으면서 거리를 유지하는 것이다.

단, 내 무관심을 들키는 순간 새로운 갈등이 생길 수 있으니 주의해야 한다. 무관심을 반길 수도 있지만 적개심을 보일 수도 있다.

무관심과 무시보다 훨씬 편하고 효과적인 방법은 편애다. 싫은 사람에게 무관심해지려고 애쓰기보다는 좋은 사람을 더 자주 만나는 것이다. 무관심이 이성적이라면 편애는 전적으로 감정의 영역이다. 위험한 순간, 내 아이와 모르는 사람을 구해야 한다면 당연히 내 아이부터 구할 것이다. 직장에 편애할 만한 사람이 한 명이라도 있다면 그를 마음껏 편애하라. 우리는 공평한 것이 무탈하다고 생각하지만 꼭 그렇지만은 않다.

한 삼십 대 여성과 꽤 오래 상담했던 적이 있다. 그녀의 아버지는 교사였는데 그녀와 자신이 가르치는 학생들을 공평하게 대했다고 한다. 아니, 학생들 챙기는 일에는 성실했지만 딸에게는 자주 소홀했다. 늘 일을 핑계로 딸과의 시간을 무시했다. 그녀에게는 자기 존재가 부정되는 경험이었고, 오래도록 상처로 남았다.

인간관계에서도 선택과 집중은 중요하다. 소중한 사람은 열 명을 넘기 어렵고, 여기에 가족까지 더한다면 인간관계에는 등급이 매겨질 수밖에 없다.

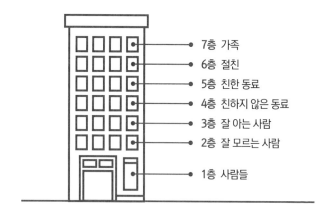

7층 가족
6층 절친
5층 친한 동료
4층 친하지 않은 동료
3층 잘 아는 사람
2층 잘 모르는 사람
1층 사람들

방금 전 그림은 내담자들에게 자주 보여주는 관계도다. 층이 올라갈수록 높은 등급이다.

이 그림을 그릴 때마다 가장 어려운 점은 '가까운데 싫은 사람'을 어떻게 처리하는가다. 가족인데도 미운 사람이나 한 사무실에서 일하는데도 몹시 싫은 동료가 있다. 이들과 공존하기 위해 꼭 필요한 무심함에 대해서는 팁 부분에서 자세히 설명하겠다.

각 층에 어떤 사람들을 둘지는 선택할 수 있지만 층 사이의 차별은 피할 수 없다. 분명히 말해둘 것은, 결혼을 해야 인간관계가 완성되는 것은 아니다. 결혼은 하나의 선택사항이다. 영국에서 이루어진 대규모 연구에 따르면, 결혼한 사람과 하지 않은 사람 간의 행복지수는 거의 차이가 없다. 결혼 경험이 없는 동갑 여성과 깊은 대화를 나눈 적이 있는데 그녀는 삶의 만족도가 무척 높았다. 일, 인간관계, 자아실현, 모든 면에서 칭찬할 만한 수준이었다. 게다가 한국에서 결혼은 자칫 불행해질 수 있는 지름길이다. 화목한 가정을 만들겠다는 투철한 의지가 없다면 절대 결혼하지 마라.

만약 당신에게 배우자나 자녀가 없다면 인간관계에 투자할 시간은 무척 풍부할 것이다. 나는 아내와 아이들에게 쓰고 남는 시간을 쪼개 나머지 인간관계에 쓴다. 이것이 내 관계 원칙이다. 특히 아이들에게는 원 없이 시간을 내준다. 휴일에는 가족 외에는 거의 만나지 않는다.

결혼하지 않았지만 연인이 있다면 연인에게 쓰고 남는 시간을 잘 배분하면 될 것이다. 연인도 없다면 인간관계에 관한 한 시간 부자에 해당한다. 부자답게 다양하면서도 여유로운 인간관계를 즐길 수 있다. 여러 모임에 자유롭게 참여할 수도 있다.

시간을 써야 할 인간관계를 고르고 지혜롭게 집행하는 일이 중요하다. 예를 들어 오랜 친구와의 해외여행은 돈과 시간이 아깝지 않은 소중한 경험이다.

모름지기 '절친'을 살뜰히 챙기고 편애해야 한다. 그들에게 많은 시간과 에너지를 써야 한다. 때론 아낌없이 돈도 투자해야 한다. 당신의 정서적 건강, 욜로, 워라밸을 위해 필요한 철칙이다.

좋은 친구란 저축이나 보험, 주식만큼이나 중요한 노후 대책이다. 친구 없는 노후를 상상해보라. 공기 좋은 곳에 전원주택을 멋지게 꾸며놓은들 친구들이 한 번도 찾아오지 않는다면 과연 행복할 수 있을까. 언젠가 부유한 칠십 대 노인을 상담한 적이 있다. 그는 주변에 아무도 없었다. 그의 우울증은 이 원인이 컸다.

인간관계의 장기 계획은 노인이 되었을 때 내 전원주택을 기꺼이 찾아와줄 친구들을 사귀어나가는 일이 아닐까? 학교에서, 직장에서, 사회생활이나 취미활동에서 만나는 그들을 한 명씩 소울메이트로 포섭해보자.

우리는 사람을 대할 때 두꺼운 보호막을 쓸 수밖에 없다. 도시의 삶은 인간관계의 칼날을 피하는 철갑을 두르게 한다. 상대도 나도 마찬가지다. 우리는 서로에게 쉽사리 곁을 내주지 않는다. 어지간해서는 절친 자리를 허락하지 않는다. 가령 직장을 옮기면 그날로 관계가 끝난다. 회사를 옮겼는데도 만남을 이어갈 인간관계를 맺는 것은 전에 없이 힘들어졌다. 그래서 현대인은 외롭다.

상대의 마음 깊은 곳에 침투하기 위해서는 과거보다 훨씬 더 많은 정성을 쏟아야 한다. 새로 친구를 사귀기도 힘들어졌지만 유지하기는 더더욱 힘들어졌다. 너무 많은 교류는 인간관계의 만남과 헤어짐을 가속화시키고, 어제는 친구였으나 내일은 "안녕" 하는 일들이 잦아진다.

그러니 우리는 특별한 한 사람에게 더 다정하게 말하고 그 한 사람과 많은 시간을 함께하기 위해 노력해야 한다. 똑똑한 사람들은 예전부터 이 중요성을 알았다.

『월든』의 저자이며 미국인이 가장 사랑하는 시인 헨리 데이빗 소로와 사상가 랠프 왈도 에머슨은 역사상 가장 진한 우정을 나눈 두 사람이기도 하다. 두 사람이 친구를 대하는 자세는 시사하는 바가 크다.

"약초를 가꾸듯 가난을 가꾸어라. 헌옷을 뒤집어서 다시 짓고 옛 친구에게 돌아가라. 사물은 변하지 않는다. 변하는 것은 우리들이다."

—소로

"친구를 얻는 단 하나의 유일한 방법은 스스로 완전한 친구가 되는 것이다."

—에머슨

싫은 사람을 무심하게 대하는 법 ————————

1. 감정은 자연스러운 것이다. 그렇기 때문에 늘 자연스럽게 생겼다가 사라진다. 나쁜 감정 역시 결국에는 사라질 것이다.

2. 10년 후에도 저 사람의 저 행동, 저 말이 내 삶에 큰 문제가 될까? 그럴 리가 없다. 그러니 그 사람이 그러든 말든 내버려두라. 저 사람은 언젠가 제 갈 길로 갈 것이다.

3. 그 사람에게 당했을 때 내 감정의 적정 크기를 설정해보자. 가령 미움은 10점 만점에 5점, 분노는 6점, 혐오는 8점으로 정하고 감정이 그 숫자를 넘지 않도록 주의를 기울여라. 그 사람의 잘못에 딱 맞을 만한 미움, 분노의 적정 값이란 사실 존재하지 않는다. 그러니 내가 스스로 정해 감정을 허비하지 말자.

4. 천천히 가장 느린 걸음으로 걸어보라. 10분이면 충분하다. 그 사람의 언행 따위는 생각하지 말고, 걷고 있는 자신의 동작 하나하나, 호흡 하나하나에 집중해보라.

5. 천천히 음식을 먹어보라. 껌 하나를 천천히 씹어도 좋다. 귤 하나를 천천히 까먹어도 좋다. 그 사람을 생각하지 말고, 음식의 맛과 냄새와 질감에 집중해보라.

6. 지금 그 감정에 집중하지 말고 다른 사물들에 포커스를 맞춰보라. 숫자를 세어도 좋고 주변의 물건들을 세심하게 쳐다봐도 좋다. 하늘을 볼 수 있다면 구름의 흐름을 응시해도 좋다.

7. 어느 정도 마음이 가라앉았다면 다음의 글을 외워보라. 심리학자 프리츠 펄스Fritz Perls가 쓴 글로, 인간관계에서 내적 평화를 추구하기 위한 것이다.

나는 나, 너는 너.
나는 너의 기대를 채워주려고 세상에 태어난 게 아니야.
너 역시 나의 기대를 채우려고 살아가는 게 아니지.
우리가 마음이 맞는다면 그건 놀라운 일이야.
하지만 그렇지 않다고 해도 상관없어.

세상 모든 관계에는
숨은 법칙이 있다

내 진심이 상대에게 통하지 않을 때는 정말 속이 상한다. 진심으로 대했건만 돌아오는 것이 거절이나 무관심, 냉담이라면 마음을 다칠 수밖에 없다. 그런데 그럴 때 "그래, 이제 너와 나는 남남이야" 하고 쿨하게 돌아서는 것만이 상책일까? 반품을 미루고 수선해서 가져가야 할 관계는 없을까?

나는 수천 쌍의 부부를 만났다. 그중에는 헤어지려고 결심한 부부도 무척 많았다. 그런데 서로 싫어하는 게 아니라 한쪽만 상대를 싫어하는 경우가 적지 않았다. 진심이 통하지 않는 상황이다. 나는 그 사람을 사랑하는데 그는 나에게 관심이 없는 것이다.

아내는 남편과 진심으로 갈라서려고 한다. 자신을 함부로 대하고 애정이 식었다는 것이다. 그런데 많은 남편은 여전히 아내를 아낀다고 말한다. 다만 바쁘고 마음의 여유가 없어서 잘해주지 못했다고 한다. 이런 상황은 인간관계에서 비일비재하다. 그럴 때 최소한 몇 가지는 점검해봐야 한다.

첫째, 나의 진심을 제대로 전달했는가?
남편은 아내를 사랑하는 마음을 제대로 전하지 못했다. 상대가 알아주겠거니 하고 구체적인 실천을 하지 않았다. 세상의 모든 두 사람은 뇌나 마음을 공유하지 않은, 두 몸으로 나뉜 남남이다. 내 마음을 알겠거니 생각하는 것은 우리가 흔히 하는 착각이다. 제대로 전달하고 표현하지 않았다면 상대는 내 마음을 제대로 읽을 수 없다.

나의 '진심전달력'을 항상 의심해봐야 한다. 너무 많은 사람이 진심을 제대로 전하지도 않고서 관계를 정리하려고 한다. 정말 문제는 나의 진심 전달력인지도 모른다.

둘째, 그 사람이 나의 진심을 받아들일 만한 상황이었나?
나만 진심을 전달한다고 되는 것이 아니다. 상대가 내 진심을 받아들일 수 있는 마음 상태, 형편이어야 한다. 사람들이 가장 잘 놓치는 지점이다. 마음의 여유가 전혀 없어서 인간관계는 접어둔 사람에게 인간관계를 하자고 조르면 그나마 좋았던 감정까지 사라질 수 있다. 그러니 상대의 마음 상황을 잘 살펴야 한다. 그 사람 요즘 힘들구나 하며 헤아릴 줄 알아야 한다. 결별하기 전에 한 번쯤은 그 사람의 상황을 살피는 노력이 필요하다. 헤어지더라도, 그것이 인간관계에서는 최소한의 예의이다.

문재 씨는 중학교 교사다. 평소 체육 교사인 철민 씨와 사이가 좋지 않았다. 사사건건 의견 충돌이 생겼다. 그래서 지난 1년 가까이는 서로 얼굴도 쳐다보지 않으며 지냈다. 그런데 문재 씨가 전근을 가게 되었다. 문재 씨를 포함해 전근 가는 몇몇 교사들을 위해 환송회가 열렸다. 철민 씨도 환송회에 왔다. 일부러 떨어져 앉아 말도 섞지 않았지만 어쩌다 3차까지 함께 남게 되었다. 모두 마치고, 돌아가려는 순간 철민 씨가 먼저 말을 걸어왔다.

"이 선생님, 저하고 술 한 잔 더 하실까요?"

문재 씨는 응했고, 두 사람은 이러저러한 이야기를 하면서 오해를 풀 수 있었다. 더듬어보니 정말 별것도 아닌 일들로 서로에게 좋지 않은 감정을 갖게 된 것이었다.

전근을 갔지만 철민 씨와는 가끔 술을 마시는 사이가 되었다. 철민 씨 덕분에 처음으로 낚시의 재미도 알게 되었다. 지금은 문재 씨가 먼저 같이 낚시를 가자고 조르곤 한다.

우리에게는 마지막 순간에 "밥 한 끼 먹을까요?" "차 한 잔 마실까요?" 하고 제안하는 용기가 필요하다.

셋째, 그는 애초에 나를 좋아하지 않았던 게 아닐까?

그렇다면 내가 헛다리를 짚은 것이다. 어쩌면 내 첫인상이 좋지 않았을 수 있다. 나를 좋게 보고 싶은 마음이 아예 없었을 수 있다. 나를 오래 지켜보고서 그럴 수도 있지만 처음 만난 순간부터 나를 싫어했을 수 있다.

우리 각자의 마음에는 '인상 평가 시스템'이 있다. 살아가면서 우리는 타인에 대한 평가 기준을 세우게 된다. 흔한 예로 "잘생긴 애들은 얼굴값을 한다니까" 같은 것이다. 대개는 무의식적이어서 나 자신도 그 사람이 왜 좋은지 혹은 싫은지 알 수 없다.

그런데 이런 인상 평가 시스템이 하루아침에 만들어진 것은 아니다. 수십 년의 시간 동안 경험한 인간관계, 만남, 대화를 통해 서서히 굳어진 것이다. 요즘에는 스마트폰이 미치는 영향도 무시할 수 없다. 연구자들은 이 매체가 특정 집단에 대한 편견이나 혐오, 부정적인 감정을 더욱 양산하지 않을까 우려한다.

언제인가 모든 사람에게 좋은 평가를 받는 한 남자를 끔찍이 싫어하는 여성과 이야기를 나눈 적이 있다. 그녀는 평소에도 그에게 싫은 티를 노골적으로 냈다. 그 여성에게 이유를 물었다. 처음에는 주저하더니, 실은 몇 년 전에 헤어진 남자친구와 너무 닮아서라고 속내를 털어놓았다. 특히 헤어질 때 전 남자친구가 너무 끔찍했다고 했다.

정말 비합리적인 이유라고 생각하겠지만 사실 사람이 다 이렇다. 당신도 나도 그렇다. 그러니 아무리 노력한다 해도 상대에게 내 진심이 전달되지 않을 수 있다.

반대의 경우도 있다. 나와 상담했던 한 여성은 잘 맞지도 않는 남자와 결혼해 살다가 이혼을 했다. 왜 그 남자를 선택했냐고 했더니 아버지를 똑 닮았기 때문이라고 했다. 그녀의 아버지는 무척 자상했고 딸을 끔찍이 사랑했지만 그만 사고로 목숨을 잃고 말았다. 그녀가 중학교 2학년 때였다. 성인이 된 그녀는 아버지의 외모는 물론 언행까지 쏙 닮은 남자를 만나 사랑에 빠졌다. 연애랄 것도 없이 바로 결혼을 했다. 하지만 살아보니 성격도, 습관도, 가치관도 아버지와는 전혀 달랐다.

이처럼 우리는 모두 한계를 가졌다. 우리가 살아온 역사를 부정할 수 없다. 그래서 진심이 통하지 않을 때 주저 없이 절교를 선언하기보다는 짧게라도 헤어지는 절차를 밟는 것이 상처를 줄이는 방법이다. 그 사람이 왜 내 진심을 몰라줄까 한 번쯤 고민해봐야 한다. 나의 진심전달력에 문제가 있을지도 모르고 상대가 무언가 오해하고 있을지도 모른다. 나는 생각조차 해보지 않은 금전적 문제 때문일 수도 있다.

내가 진심을 건넨 것은 그 사람이 내 삶에서 조금이라도 의미 있는 사람이 되기를 바랐기 때문일 것이다. 그러니 몇 번 더 그의 마음의 문을 두드려볼 필요가 있지 않을까.

결국 관계를
지배하는 것은 행동이다

표정과 함께 몸짓도 중요한 비언어적 표현이다. 가령 말없이 몸짓만으로도 상대에게 경청하고 있음을 알릴 수 있다. 사실 몸짓이 말보다 더 큰 신뢰감을 준다. 그래서 자칫 방심했다가는 상대에게 무관심하거나 무시하는 내 마음을 들킬 수 있다.

가령 이야기할 때 입술을 자주 깨무는 모습은 불안하고 불편하다는 신호로 받아들여질 수 있다. 대화하며 자꾸 다른 곳을 쳐다본다면 상대는 무시당했다고 생각할 수 있다.

예전에 심리센터에서 함께 일했던 남자 직원이 바로 이런 케이스였다. 함께 일한 지 얼마 안 돼 그의 몸짓에 문제가 있음을 알아챘다. 다른 사람들이 말을 하고 있는데 그때마다 팔짱을 끼거나 어깨를 뒤로 쭉 빼는 것이 아닌가. 속으로 부정적인 생각을 하고 있어 그런 게 아니라 저도 모르게 익은 습관이었다.

그의 아버지는 애정 표현에 대단히 인색한 가부장적인 사람이었다. 그 또한 감정 표현에 미숙하다 보니 서른 살이 되도록 연애를 한 적이 없었다. 어쩌면 부정적이고 미숙한 그의 신체 언어가 한몫했을지도 모른다.

정말 걱정이 돼서 상세하게 조언을 해주었다. 말을 잘하는 것도 중요하지만, 상대가 편안하게 느낄 만한 표정이나 동작, 자세를 취하는 것도 중요하다고. 인터넷을 찾아 상대의 이야기를 경청하는 모습을 찍은 사진도 몇 컷 보여주었다.

"민준 씨, 이런 자세를 취하면 상대가 좀 더 편안하게 생각하지 않을까요?"

그는 놀란 것 같았다. 살면서 이런 충고를 받아본 적이 없다고 했다. 자신에게 이런 문제가 있는지 까맣게 몰랐다는 것이다.

불과 몇 주 만에 그는 딴 사람처럼 변했다. 내가 시킨 대로 거울을 보며 열심히 노력했던 것이다. 동료들을 상대로 연습하는 모습도 자주 목격할 수 있었다.

"맞아요. 동감이에요"라고 말하고 있다면, 표정과 몸짓 역시 그렇게 말하고 있어야 한다. 말만 그렇게 하고 표정이나 몸짓은 전혀 다르다면 녹음기를 틀어놓은 것보다 못하다. 심지어 상대를 공격하는 일이 될 수도 있다. 말이 가는 대로 몸도 따라가야 한다.

몸짓을 아무렇게나 하는 것도 금물이다. 나의 어색한 몸짓이 상대의 감정에 소란을 일으킬 수 있다.

매번 두 손을 모으고 겸손한 표정을 지으며 상대의 말을 들어야 한다는 소리가 아니라 상대방에게 호감을 줄 수 있는 신체 언어를 갖도록 노력해야 한다는 뜻이다. 연구에 따르면, 비굴하게 느껴지는 저자세의 신체 언어는 비호감 대상이다.

심리학자 에이미 커디Amy Cuddy는 자존감을 높이려면 자신감 넘치는 포즈를 취하라고 조언한다. 슈퍼맨의 포즈를 취하면 슈퍼맨처럼 힘이 난다. 어깨를 쫙 펴고 당당한 자세, '파워 포즈'를 취하면 내 안에서 파워가 샘솟는다. 파워 포즈는 호르몬에 영향을 미쳐 실제로 더 힘이 나며 각종 병치레까지 줄여준다.

기지개를 켜듯 두 팔을 하늘로 뻗거나 다리를 최대한 벌리는 '하이 포즈high-power pose'를 취하는 사람은, 주머니에 손을 넣거나 팔짱을 끼거나 웅크린 채 턱을 괴거나 하는 '로 포즈low-power pose'를 취하는 사람보다 기운을 북돋는 테스토스테론이 증가하는 대신 병을 일으키고 스트레스를 늘리는 코르티솔은 감소한다.

심지어 모의 면접에서 면접관들은 하이 포즈를 한 지원자를 더 많이 뽑았다. 단, 한국에서는 조심해야 한다. 자칫 무례하다는 인상을 줄 수도 있기 때문이다.

그런데 신체 언어를 훈련하는 것만으로 원만한 의사소통을 할 수 있을까? 꼭 그렇지는 않다. 더 중요한 것은 신체 언어의 바탕을 이루는 좋은 감정이다. 신체 언어가 자연스럽게 배어 나올 수 있는 편안한 마음가짐이 중요하다. 겉치레 신체 언어는 쉽게 발각된다. 긍정적인 마음을 지니고 있어야 표정과 몸짓도 긍정적일 수 있다.

제대로 소통하기 위해 우리는 꾸준히 연습해야 한다. 신체 발육은 스무 살쯤이면 끝나지만 뇌 발달은 서른 살이 넘도록 이어진다. 수학 뇌는 열 살 정도부터 만개하지만 사회성, 공감 능력, 언어 능력을 담당하는 뇌는 가장 늦게 발달한다.

어떤 사람이 스무 살쯤에는 '비호감'이었는데 마흔 살쯤 다시 만나니 매너 있고 배려가 넘쳤던 기억이 다들 있을 것이다. 그러니 훈련을 멈춰서는 안 된다. 당신은 지금보다 훨씬 더 훌륭한 사람이 될 수 있다.

신경과학자 앤드류 뉴버그Andrew Newburg 역시 이상적인 대화를 원한다면 뇌부터 길들여야 한다고 했다. 그는 뇌를 길들이는 '연민 소통compassionate communication'이라는 기법을 만들었는데 지금 미국에서 인기 절정이다. 신경 공명 현상을 이용해 부정적인 사고 패턴을 잠재우는 연민 소통은 중요한 대화를 하기 전에 워밍업으로 사용할 수 있다. 평소 대화에 어려움을 느끼는 사람이라면 연민 소통으로 미리 마음을 다스린 뒤에 대화에 임하면 많은 도움이 될 것이다. 간단하지만 매우 효과적이다.

　나는 필요할 때면 연민 소통 워밍업을 한 뒤 상대와 대화한다. 그럴 때 내 신체 언어를 자각해보면, 좀 더 부드러워지고 자연스러워진 것을 느낄 수 있다. 편안한 마음이 몸짓과 표정을 자연스럽게 이끌었던 것이다. 당신도 시도해보라. 과거와는 전혀 다른 대화를 할 수 있다.

뉴버그는 속사포처럼 많은 내용을 말하는 것이 상대에게 결코 좋은 기억을 심어주지 않는다고 말한다. 할머니와 어릴 적 나누었던 대화의 기억이 오래가는 것은 연민 소통의 규칙들을 잘 따른 대화였기 때문이다.

1단계: 긴장을 푼다. 30초 동안 숨을 천천히 들이쉬면서 5까지 세고, 다시 천천히 내쉬면서 5까지 센다. 이 과정을 3회 반복한다.

2단계: 현재에 머문다. 한 손을 쳐다보며 '지금 이 순간, 내 손이 존재한다는 것을 어떻게 알 수 있을까?'라는 질문을 던져보라.

3단계: 내면의 침묵을 강화한다. 스마트폰으로 종소리나 풍경 소리를 15~30초 정도 들어보라.

4단계: 긍정성을 높인다. 지금 만날 상대에 대해 긍정적인 감정을 갖기 위해 노력한다. 상대에 대한 부정적인 판단을 최대한 반박해보라.

5단계: 나에게 가장 중요한 가치를 숙고한다. 나의 내면이 바라는 가치, 그리고 상대와의 대화에서 얻는 관계의 가치, 소통의 가치를 생각해본다.

6단계: 즐거운 기억에 접속한다. 마음속에 가장 편안한 이미지나 대상을 떠올려 긍정적인 감정을 북돋운다.

여기까지는 준비 단계이다. 이제 상대와 대화를 시작한다.

7단계: 비언어적 신호를 관찰한다. 상대의 표정, 몸짓, 포즈에 세심하게 주목한다.

다음은 대화 과정에서 실현해야 할 것들이다.

8단계: 감사를 표현한다.

9단계: 따뜻하게 말한다.

10단계: 천천히 말한다.

11단계: 간단히 말한다.

12단계: 깊이 듣는다.

어디까지가 남이고
어디까지가 내 편일까

나쁜 사람을 떠나보내고 싫은 사람을 멀리하는 것보다 중요한 것이 있다. 좋은 사람을 놓치지 않는 일이다. 스쳐 지나갈 적군이 아니라 영원히 함께할 우군에게 시간과 정성을 쏟아야 한다.

당신은 개인주의를 삶의 모토로 삼고 있을지 모르겠다. 개인주의는 무척이나 달콤해서 거부하기가 힘들다. 개인의 자유와 권리를 최대한 보장하고 개개인의 성장과 도전에 더 많은 기회와 여건을 제공하는 사조이자 문화이기 때문이다. 개인주의는 이미 우리가 사는 도시의 삶을 치밀하게 구성하고 있다.

문제는 우리가 전에 없이 외로워졌다는 사실이다. 혹자는 최근 가장 발달한 산업이 '외로움 달래기' 분야라고 말한다. 좋은 인간관계란 끈적끈적한 점성을 요구한다. 가령 좋은 친구를 하나 사귀자면 자주 만나야 하고, 세심하게 배려해야 하며, 약속을 잘 지켜야 하고, 자신의 잘못을 선선히 인정할 줄 알아야 하며, 소중한 것을 공유해야 한다.

이런 친밀함과 개인주의는 양립이 어렵다. 당신은 누군가가 수시로 문을 두드리도록 허락하고 싶지 않을 것이다. 개인주의자의 삶이 가진 약점 역시 여기서 비롯된다. 정말 외로울 때도 문을 두드릴 사람이 아무도 없기 때문이다. 개인주의가 극도로 발달한 프랑스에서는 고독孤獨과 고독사가 만연해지자 국가가 나서서 노인들을 연결해주는 사업을 대대적으로 벌이고 있다. 우리는 개인주의와 친밀한 관계 나누기 사이에서 곡예를 펼칠 수밖에 없어졌다.

인간 뇌에 대한 최신 연구에 따르면, 우리의 정신이 가장 빠르게 망가지는 요인은 외로움이다. 장기적인 외로움은 우울증을 유발하고 치매를 앞당기는 것으로 밝혀졌다. 대부분의 인간은 외로움에 취약하다. 인간은 호랑이나 독수리가 아니라 개미나 벌에 가깝다. 그렇기에 인간심리학을 '벌집심리학hive psychology'이라고 정의한 학자도 있다.

그러니 인생을 행복하게, 아니 최소한 정신건강을 지키며 살자면 좋은 친구와 짝이 꼭 필요하다. 지금 우리에게 진정으로 필요한 것은 인간관계의 끈적끈적함을 견딜 힘일 듯싶다. 더 밀접해져야 하고, 접촉해야 하며, 끈끈해져야 하는 것이다.

옥스퍼드대학교 진화생물학 교수 로빈 던바Robin Dunbar에 따르면, 우리가 수용할 수 있는 인간관계의 최대치는 150명 정도다. 그 이상은 뇌가 감당하기 힘들다. 이 150명 역시 얼굴을 좀 아는 사람일 따름이다. 물론 그들과 지속적으로 좋은 관계를 유지하는 것은 좋은 일이다. 그들이 내 인생에 줄 도움이 적지 않다.

그러나 아무리 외향적인 사람도 속내를 터놓고 이야기할 사람은 20명을 넘기 힘들다. 게다가 그것이 중대 현안이라면 의논 상대는 5명까지 줄어든다. 매직 넘버는 5다. 이 5명이 없어서 우리는 외로운 것이다.

지금 당신에게는 마음을 알아주는 친구, 지음知音이 있는가?

어디까지가 친구이고, 어디까지가 지인인가? 진실한 벗은 누구인가? 어떻게 5명의 지음을 만들 수 있을까?

친구를 만드는 일은 많은 정성과 노력, 실천이 필요한 매우 긴 여정이다. 지금 5명의 지음이 있다면 잘 관리하기 바란다. 소 잃고 외양간을 고치면 안 된다. 만약 그 정도가 안 된다면 지금부터라도 그 다섯을 하나씩 만나는 머나먼 인간관계 여행을 떠나야 할 것이다.

주변에 충분한 인적 자산이 있다면 후보군을 추려보라. 후보 선정은 당신만 할 수 있다. 아는 사람들 가운데 후보가 될 만한 이가 없다면 새로운 친구들이 있는 곳으로 마음의 낙타를 타고 이동해야 한다. 그것은 사막을 건너는 힘든 여정이 될 수도 있다. 어쩌면 싫은 사람들이 사는 언덕을 여러 번 넘어야 할 것이다.

조급해하지 않아야 한다. 몇 년, 몇십 년이 걸릴 수도 있는 일이니까. 하지만 이 처절한 외로움이 명백한 극복 대상이라는 생각이 들었다면 우선 한 사람의 지음을 사귀는 일부터 많은 에너지와 시간을 바쳐야 한다. 지음이 생긴다면 당신의 생은 크게 달라질 것이다.

강남의 한 유명 독서모임은 신청자들로 문전성시를 이룬다고 한다. 눈을 크게 뜨고 친구들을 사귈 수 있을 만한 모임, 동호회를 물색해보기 바란다.

개인주의자에게는 무척 싫은 일일 수도 있지만 피할 수 없는 일이기도 하다. 친구를 사귀자면 사람들의 숲으로 들어가야 한다. 처음에는 절친, 지음이 아니라 알고 지내는 친구를 사귀는 것이다. 너무 부담을 갖지 말고 도전하라.

어떤 계기를 통해 호감 가는 친구가 생겼다면, 오래 함께하고 싶은 사람이 나타났다면 우정을 쌓아가는 노력을 기울여보라. 한 사람의 지음을 얻기까지는 장을 담그고 익기를 기다리는 것처럼 숙성의 시간이 필요하다.

누구를 위해서가
아닌 나를 위해

찰리 채플린의 영화 「모던 타임스」에는 현대인의 삶이 상징적으로 그려진다. 이 영화에서처럼 한때는 컨베이어벨트 앞에 서서 하루 종일 볼트를 조이다가 저녁 늦게 퇴근해서 소파에 누워 TV를 보다 잠드는 것이 현대인의 삶이었다.

하지만 지금 우리는 매일 컨베이어벨트 대신 테이블에 앉아 누군가를 마주한다. 사람과 접촉하고 소통하며 무언가를 만들어낸다. 그렇기에 누구와도 편하게 소통할 수 있는 능력이 무엇보다 중요해졌다. 심지어 적과도 겉으로는 편안한 대화를 나눌 수 있어야 하는 시대다. 소통 자체가 중요해졌다기보다 소통 능력의 쓸모가 점점 커지고 있는 것이다.

이제 일을 잘하는 사람은 소통을 잘하는 사람으로 통한다. 심지어 어떤 직업은 소통이 곧 일이고 일이 곧 소통이다. 그래서 어쩔 수 없이 소통에 관심을 갖는다. 상대를 설득하거나 현혹하는 대화 기술에 집중하고 상대의 심리를 조종하고 통제하려 든다.

그러나 소통은 기술이 아니라 감정이고 인심을 얻는 것이다. 우리가 다른 사람들로부터 진정 얻어야 할 것은 인기가 아니라 인심이다. 마음을 얻는 사람이 되어야 한다. 인기는 단순한 호기심을 넘어서지 못할 때가 많다.

멋진 옷을 입고 아름다운 외모를 가꾸어 인기를 얻을 수는 있겠지만 '저 사람과 대화하고 싶어' '같이 시간을 보내고 싶어' 같은 인심을 얻는 것과는 거리가 멀다. 대화에서 장식이나 수사를 자제해야 하는 이유가 그것이다.

인심을 얻기 위해 온정을 베풀었으나 좋은 반응이 돌아오지 않을 때도 있다. 그럴 때 끝까지 상대의 감정에 구걸하는 것은 소탐대실하는 일이다. 지금 이 한 사람을 설득한다고 해도 얼마 지나지 않아 내 감정이 아프고 탈진하고 만다.

그런 면에서라도 위선과 거짓은 나쁘다. 상대에게도 나쁘겠지만 실은 나 자신에게 더 나쁜 짓이다. 우리가 늘 할 수밖에 없는 선의의 거짓말조차 결과적으로는 더 많은 유익을 가져오지 못한다. 선의의 거짓말을 했다가 인간관계를 망친 사람들이 얼마나 많았던가? 사람들이 진정 원하는 것은 언제나 진심이다.

그러니 절대 자책하지 말자. 이런 점, 저런 점이 부족했다고 생각하는 대신 그래도 이번에는 어떤 점이 좋았다고 생각해야 다음에 다시 온갖 변수가 난무하는 변화무쌍한 소통에 도전할 수 있다.

자동차 세일즈를 하는 건우 씨는 직업상 대화법과 대인관계 기술을 갖추는 것이 필요했다. 그래서 주말이면 서점에 들러 새로 나온 대화법 책들을 뒤졌다. 이렇게 사 모은 책이 책장 하나를 다 채울 정도였다.

건우 씨가 자동차 세일즈 분야에 일찌감치 뛰어든 것은 적성에 가장 잘 맞는 일이라고 생각했기 때문이다. 그의 생각이 맞았는지 실적은 항상 톱 클래스였다. 영업점 전체에서도 늘 상위권을 유지했다. 그런데 언제부턴가 대면 울렁증이 생기고 말았다. 대인기피증이나 무대공포증처럼 상황 자체를 회피하려는 정도는 아니었지만, 고객을 만날 때면 속이 울렁거려 견디기가 힘들었다.

그 때문에 심리상담까지 받게 되었다. 문제는 상대에게 항상 져주어야 하는 대화에 있었다.

감정노동자는 자신의 심장을 끊임없이 단속하고 관리해야 한다. 고객의 기분을 좋게 하려고 자신의 감정을 억지로 고무시키거나 나쁜 감정을 억눌러야 한다. 감정노동이 위험한 이유는 인간의 개성을 구성하는 거의 전부라고 할 수 있는 감정을 타인을 위해 장시간 억압하고 조작해야 하기 때문이다. 감정노동은 항시 감정노예가 될 위험을 안고 있다.

건우 씨 역시 오랜 감정노동으로 인해 마음이 망가질 대로 망가진 상태였다. 그는 퇴근 이후까지 고객을 챙겨야 했다. 카톡은 밤늦도록 꺼질 줄 몰랐다. 자동차에 대해 궁금한 것이 있는 고객들은 아무 때나 전화를 걸거나 카톡을 보냈다.

"카톡. 제 차 언제 엔진오일 갈아야 할까요?"

그는 밤에도 정성껏, 상대가 기분 좋아지도록 답장을 해야만 했다. 스스로를 대인관계 능력이 뛰어나고 감성적인 사람이라고 믿고 있는 그는 이런 일상이 별문제 없다고 착각하고 있었다. 물론 그것은 자신을 속이는 일이었다. 가장 나쁜 것 중 하나가 감정에 관한 자기기만이다. 나를 찾아왔을 때 이미 그는 가슴이 답답해 폭발하기 직전이었다.

효율적인 심리치료를 위해 가장 시급한 일은 자신의 문제를 온전히 받아들이는 것이었다. 자신의 심리 문제를 온전히 받아들이지 못하면 어떤 진전도 이루기 어렵다. 우리는 모두 연약한 인간이기에 언제든 마음이 약해지고 무너질 수 있으며 상처 입을 수 있음을 솔직히 인정해야 한다. 대개의 심리치료가 여기서 시작한다.

"저는 그 사람 때문에 마음이 무척 상했어요."

건우 씨는 한 번도 발설하지 못한 채 마음속에 담아두었던 이 말을 끄집어내고서야 마음이 조금 편해질 수 있었다.

인간은 인공지능 로봇이나 대화 프로그램이 아니다. 그러니 상대의 말 한마디에 마음이 상할 수 있고, 때로는 그 말로 인해 마음이 송두리째 흔들릴 수도 있다. 건우 씨처럼 감정지능이 높은 사람일수록 필연적으로 이런 취약성을 동반한다. 감정에 민감하니 상처도 더 잘 받는다.

감정적으로 불완전한 존재라는 사실을 인정하라는 이야기는 스스로에 대한 초라함이나 죄책감을 느끼라는 뜻이 아니다. 센 척, 잘하는 척, 버틸 수 있는 척 연기하지 말고 나는 상대의 말에 영향을 받고 그래서 흔들릴 수 있음을 받아들이라는 소리다.

하루는 건우 씨가 대뜸 물었다.

"그 사람이 너무 미워서 주먹으로 한 대 치고 싶은 마음이 들 때는 어떻게 해야 하나요?"

실적을 두고 매일 닦달하는 상사한테 그런 생각이 시도 때도 없이 든다고 했다. 가뜩이나 까다로운 손님들 때문에 스트레스를 받고 있는데, 상사까지 부채질하고 있으니 샌드위치처럼 끼여 옴짝달싹할 수 없는 느낌이라고 했다.

나는 그것이 인생이 어려운 이유가 아니겠냐고 했다. 그리고 마음속에 다시 햇살이 들 수 있는 여러 방법과, 심리적 방어막을 만드는 방법에 대해 자세히 알려주었다.

미움이 문제가 되는 것은 내 마음을 파괴하는 감정이기 때문이다. 세상에는 정말 미워할 수밖에 없는 인간이 존재하지만, 그렇다고 내 안에 미움이 가득해서는 안 된다. 결국 내 손해다. 그러니 미움이 내 마음을 지배하게 해서는 안 된다.

소설가 헤밍웨이는 부정적이고 자기불신이 강한 사람이었다. 결국 우울증을 극복하지 못해 자살로 생을 마감했다. 하지만 그는 늘 자신의 소설 속에서 이상적인 내면을 꿈꿔왔다. 그의 소설 『노인과 바다』에는 우리의 인간관계에 그대로 적용하면 좋을 만한 내용이 하나 나온다.

노인은 바다에서 죽을 고생을 하며 건진 청새치를 상어 떼에게 빼앗기고 겨우 목숨만 건져 돌아와 지친 몸을 침대에 누인다. 그리고 이렇게 말한다.

"바다에서의 일이 꿈만 같았다. 아무것도 아닌 걸 가지고."

　당신도 그럴 수 있었으면 좋겠다. 싫은 일, 싫은 사람을 어쩔 수 없이 상대하며 하루를 보낸 뒤, 침대에 누워 "그까짓 것"이라고 말할 수 있다면 정말 좋을 것이다.

감정노동을 하는 이들을 위한 심리방어막 ─────

1. 부정적인 감정을 편하게 말할 수 있는 대화 상대를 꼭 구하기 바란다. 반대로 그 사람의 어려운 사정도 내가 충분히 들어주면 된다.

2. 충분한 휴식과 함께 좀 더 강도 높은 운동을 하기 바란다. 운동은 신경생리학적인 측면에서 뇌의 스트레스 영역들을 이완시켜준다. 마음이 다쳤을 때 몸으로 치유하는 것이다.

3. 감정노동에 대해 충분히 통찰할 필요가 있다. 인터넷이나 책을 통해 왜 불량 고객이 생기는지, 그들의 특성은 무엇인지 상세하게 이해하기 바란다. 알고 보면 그들이 불량 고객이 되는 이유는 의외로 단순하다. 인간의 저열한 본성과 열등감이 원인인 경우가 많다.

4. 감정노동자가 흔히 범하는 오류가 "저 사람이 내가 별 볼 일 없는 사람이라서 무시하나?" 같은 과잉 일반화다. 완전히 틀린 생각이다. 인간과 인간 사이의 소통에서 통용되는 진실은 결코 아니다. 모든 사람은 존엄하다. 언제라도 자신의 존엄성을 망각해서는 안 된다.

5. 일에서 경험한 부정적인 기억과 감정을 퇴근 후까지 가져가지 않는 연습을 해라. 퇴근 직후 바로 훌훌 털어버릴 수 있는 심리적 세

척 방법을 마련하기 바란다. 특히 나쁜 기억을 끊임없이 떠올리는 반추는 절대 금물이다. 반추를 멈추는 방법들을 찾아보라.

6. 생각 멈추기, 복식호흡, 명상 등 마음을 비우는 방법들을 꾸준히 연습하기 바란다. 뇌도 단련이 되기 때문에 평소 조금씩 연습하면 큰 불상사 앞에서도 마음이 흔들리지 않을 수 있다.

막말은 일도
관계도 망친다

      "다 잘해보자고 그런 건데."

　내가 싫어하는 말 가운데 하나다. 실수했다면 잘못을 인정하고 미안하다고 사과하면 된다. 변명이랍시고 이런 말이나 하면 용서할 마음도 사라진다.

　진부한 말은 말하는 이를 진부한 사람으로 만든다. 세상에서 가장 뒤처질 사람이 진부한 말을 하는 사람이다. 비난, 욕설, 혐오의 말을 듣지 않았다고 마음이 상하지 않는 것이 아니다. 때로는 직접적인 공격보다 듣기 싫은 진부한 말이 더 오래 남아 기분을 상하게 한다. 흔히들 하는 말이라 딱히 반박도 못 하고 돌아서서는 두고 두고 생각이 난다.

"세상에 너만 힘든 게 아냐."

이건 진부한 데다 공감 제로이기까지 하다. 이런 말을 듣고 나면 그 사람에게 정나미가 떨어진다.

직장문화 연구가 린 테일러Lynn Taylor는 진부한 말이 동료 간의 신뢰를 잃게 하는 주범이라고 말한다. 테일러는「시드니 모닝 헤럴드」에 이런 말 29가지를 소개했다. 다음은 그중 일부다.

- "이거 말하면 안 되는데……."
- "다시는 안 할게. 맹세해."
- "나 정말, 이렇게까지 하기는 싫은데……."
- "사실대로 말하면……."
- "내가 약속은 못 하지만……."
- "노력해볼게."
- "비공식적으로는……."
- "나중에 네가 나를 위해 일 좀 해줘야 할지도 모르겠다."
- "상처 줬다면 미안해."
- "나중에 얘기해."

- "너무 깊게 생각하지 마."
- "난 아무 걱정 안 해."
- "그래도 ~한 것에 만족해."
- "넌 운이 좋은 거야."

고개를 끄덕일 내용도 있지만, 글쎄 하고 고개를 갸우뚱할 내용도 있다. 아마 서양과 우리의 직장문화가 다르기 때문일 것이다. 어쨌든 이 목록에서 우리는 중요한 사실 한 가지를 배울 수 있다. 나는 호의를 갖고 혹은 무심코 한 말인데 상대는 전혀 그렇게 받아들이지 않을 수 있다는 사실이다.

우리는 상대의 마음을 자주 착각한다. 상대가 좋아할 줄 알고 어떤 말이나 행동을 했지만 전혀 좋아하지 않는다. 심지어 나를 싫어하는 이유가 된다. 우리는 상대의 마음을 항상 오판할 수 있다는 사실을 잊지 말아야 한다.

'말하면서 자꾸 손이 입에 가는 걸 보니 지금 거짓말을 하는 거야.'

이것은 고전적인 행동심리학 지식이다. 프로파일러의 교과서에 단골로 등장하는 내용이기도 하다. 하지만 이 역시 얼마든지 틀릴 수 있다. 아무 의미 없는 버릇일 가능성도 많다. 고르지 않은 치열 때문일 수도 있다. 정말로 상대의 마음을 알고 싶다면 허심탄회한 대화가 최선이다. 솔직한 이야기를 듣고 의중을 확인하는 것이 정답이다.

그런데 속내를 드러내며 이야기하기란 쉬운 일이 아니다. 그래서 다들 타인의 마음을 자기 멋대로 생각하는지 모른다. 심리학 책이 범람하는 것도 서로 소통할 수 없어졌기 때문이다. 그렇게 우리는 상대의 마음을 오해하는 습관을 갖게 되었다.

진부한 말이 대개 사회생활에서 쓰이는 게으른 말이라면 막말은 가까운 사이에서 쓰이는 충동적인 말이다. 도시의 삶에 부대끼며 억눌린 감정이 쌓여 어느 순간 저도 모르게 터져 나온다. 시원하게 쏘아붙여야 할 곳에서는 꾹 참다가 애먼 사람에게 화풀이처럼 삐져나온다. 가장 만만한 게 가족이고 오래된 연인이다. 상사한테는 아무 말도 못 하면서 말이다.

이런 면에서는 우리 모두 비슷한 처지다. 또 나는 남에게 함부로 말하면서 남이 하는 싫은 소리에는 분노하는 것이 우리 자신이다. 아주 사소한 지적조차 자신에 대한 공격으로 여기고 격렬하게 반응하는 사람들이 적지 않다.

나도 나의 죄를 잘 알고 있다. 상대도 알고 있을지 모른다. 그러나 상대가 나를 나쁘게 생각할지 몰라서 걱정하는 것과 그 사람 입으로 실제로 비난을 듣는 것은 천지 차이이다.

일 못 하는 한심한 직장 후배를 보고 있노라면 마음속에서 두 가지 속삭임이 메아리친다.

천사 : '나도 저때는 그랬지. 저러다가 나중에는 잘할 거야.'
악마 : '어휴, 저 녀석 때문에 또 야근하게 생겼네. 회사는 뭐 하나, 저런 인간 안 자르고.'

만약 참지 못하고 "김 대리, 매번 일 처리가 왜 이래. 정신 좀 차리지"라고 했다가는 두 사람의 관계는 파국으로 치닫는다. 아무리 술 사주고 밥 사주며 사과의 말을 늘어놓아도, 이 말 한마디로 인해 둘 사이에는 건너지 못할 강이 생기고 만다.

남자들이 흔히 하는 오판 중 하나가 참지 못하고 함부로 말했어도 거하게 술 한 잔 사주면 상대의 마음이 풀린다고 생각하는 것이다. 생각해보라. 그게 나한테 통했는가? 남자들끼리일수록 더 안 통한다.

막말은 섬광기억을 일으킨다. 섬광기억은 테러나 재난 경험처럼 한 번 새겨지면 좀처럼 잊히지 않는 강렬한 기억이다. 막말과 진부한 말만 삼가도 인간관계는 훨씬 부드러워진다.

Chapter 4

착하게, 그러나
단호하게 대처하라

적당한 거리를 유지해야
적당히 편해진다

생판 모르던 사람이나 친하지도 않은 사람이 저지르는 '관계 테러'로 괴롭지만, 가까운 사람이 주는 근심이나 아픔도 적지 않다. 가깝기 때문에 짐이 될 때가 많다. 심지어 그 존재만으로도 스트레스의 근원이 된다. 말기 암이나 치매를 앓는 부모를 모시는 자녀들과 상담할 때마다 이보다 더한 고통이 있을까 싶은 생각이 든다.

가족이나 친지는 물론 친한 벗, 사업 파트너, 직장 동료는 다른 사람들보다 나를 더 많이 슬프게 한다. 가까운 사람이 주는 위안이 적지 않지만 힘듦 역시 더 주면 더 주었지 덜 주지 않는다.

심리학자 토머스 홈스Thomas Holmes와 리처드 라헤Richard Rahe가

만든 스트레스 등급표가 있다. 50년 전에 만들어졌지만 여전히 고개가 끄덕여진다.

두 학자는 5천 명을 대상으로 스트레스의 정도를 물어 이를 수치화했다. 배우자의 죽음이 가장 심한 스트레스였다. 이를 100점으

항목	스트레스 정도
배우자의 죽음	100
이혼	73
가족의 죽음	63
결혼	50
해고	47
별거	45
별거 후 재결합	45
새로운 가족 구성원이 생김	39
가까운 친구의 죽음	37
배우자와의 불화	35
자식 출가	29
시가 혹은 처가 식구와의 갈등	29
직장 상사와의 갈등	23
가족 모임 횟수의 변화	15

로 삼고 다른 사건들의 스트레스를 평가했다. 보다시피 인간관계 스트레스가 적지 않음을 알 수 있다. 가까운 사람은 사랑과 행복뿐만 아니라 근심과 고통의 근원이다.

상상만으로 끔찍하지만, 아내가 나보다 먼저 죽음을 맞이한다면 설령 백 살이라도 나는 엄청난 고통을 느낄 것이다. 가까운 사람들이 무탈하다면야 좋겠지만 그들에게는 늘 무슨 일이 생긴다. 그로 인해 언제든 나도 걱정과 슬픔에 빠지게 마련이다. 꼭 큰일이 아니어도 그렇다.

상담을 하다 보면 직장에서의 인간관계에 대한 내용이 많다. 그런 데는 역시 이유가 있다. 표에서 '직장 상사와의 갈등' 점수를 보면 23점이나 된다. 배우자가 죽었을 때 느끼는 스트레스의 4분의 1에 육박하는 수치다. 단일 사건으로만 따지면 배우자의 죽음에 비할 수 없지만 인생에서 차지하는 비중을 따져보면 생각이 달라질 것이다. 직장 상사와의 갈등은 사실 인생에서 끊이지 않는 일이다. 게다가 해결하기도 힘들다.

민지 씨는 직장 선배 때문에 오래도록 속을 썩였다. 같은 직급에 나이도 한 살밖에 차이 나지 않았지만 회사에 들어온 지 몇 달 안 되는 민지 씨에게 5년이나 먼저 입사한 그녀는 어려울 수밖에 없는 존재였다. 게다가 매번 모르는 것을 물어야 하는 사수였다. 내성적이고 소심한 민지 씨에 비해 괄괄한 그녀는 거침이 없었다. 말을 돌려 하는 일이 없이 즉각 지적하고 잘못을 고치라고 했다. 정당한 지적 일 때가 많았지만 민지 씨 입장에는 참기가 힘들었다. 그녀의 지적 을 받은 날이면 잠들기 전까지 그 일이 머릿속에 남아 마음을 어지 럽혔다.

민지 씨는 자신이 최근 우울한 이유가 그녀 때문은 아닌지 물었 다. 물론 우울의 본질은 그녀가 아니었다. 민지 씨는 꽤 오래전부터 경미한 우울 증상을 앓아왔다. 이는 많은 여성이 공통으로 겪는 일 이다. 여성이 남성에 비해 신경성이나 내향성이 높고 관계 지향성 도 높다 보니 사람에게 더 자주 상처 입고 더 자주 우울해지는 것 같 다. 성별 간의 차이는 없으며, 다만 남성들이 우울을 잘 감지하지 못하고 표현하지 못하는 것 때문에 빚어지는 차이일 뿐이라는 주장 도 있다.

상담이 제법 진행됐을 때 민지 씨는 그녀를 적이 아닌 친구로만 들어보겠다는 결심을 했다. 그런 일이라면 자신이 있었다. 같은 사 무실에서 또래라고 해봐야 그녀와 민지 씨밖에 없었다. 나머지 동 료들과는 위아래로 나이 차이가 크게 났다. 하지만 민지 씨는 입사 이후 그녀와 쭉 내외하고 있었다. 곁을 주지 않으니 그녀 역시 민지 씨를 공적 관계로만 대했던 것이다.

막상 가까워지고 보니 그녀는 무척 따뜻한 사람이었다. 결정적으로 친해진 것은 민지 씨가 생일을 물어봐 주고 나서였다.

민지 씨가 먼저 용기를 내 혹시 오늘이 생일 아니냐고 메시지를 보냈고, 마침 가까운 곳에 살고 있던지라 만나 생일을 함께 보냈다. 둘 사이에 친밀함이 생기면서 일에서 민지 씨를 대하는 그녀의 태도는 180도 달라졌다. 잘못을 해도 부드럽게 알려줄 뿐 아니라 민지 씨가 할 일까지 대신해주곤 했다.

바라던 바가 이루어졌다. 그런데 예상치 못한 문제가 생겼다. 그녀가 민지 씨에게 감정적으로 많이 의지하게 된 것이다. 너무 친해져버린 관계가 부담스러웠다. 민지 씨 입장에서 그녀는 그리 호감 가는 친구는 아니었다. 죽어도 베프가 될 수 없는 사람이었다. 성격도, 취향도, 가치관도 맞는 것이 없었다. 솔직히 말해 직장생활 편하자고 의도적으로 친해진 것일 뿐이었다.

친구가 없는 그녀는 주말마다 만나자고 했고 민지 씨는 몹시 곤란해졌다. 정작 친한 친구들이 주말에 뭐 하느라 시간을 못 내느냐고 성화였다. 주말에 하고 싶었던 취미생활도 포기하고 말았다. 이러지도 저러지도 못하게 된 민지 씨는 그녀와의 거리를 어떻게 조절해야 할지 몰랐다.

나의 조언은 다음과 같았다.

"여성들은 건조하고 사무적인 관계를 못 견디는 경향이 있습니다. 무미건조한 관계에 불안감을 느끼기도 합니다. 하지만 세상사라는 게 하나를 얻으면 하나를 잃어야 하죠. 민지 씨는 주말에 요가 클래스에 무척 다니고 싶어 해요. 그런데 선배가 토요일마다 만나자는 통에 그 계획이 헝클어졌고, 그 때문에 무척 속이 상합니다.

우리 각자는 행복한 이기주의자로 살아야 해요. 남 때문에 내 삶의 질이 떨어져서는 안 돼요. 선배에게는 평일 하루 저녁에 식사를 같이 하는 정도만 허락하면 안 될까요. 사실 그것마저도 민지 씨는 그리 내키지 않을 거예요. 하지만 어떤 일이라도 어느 정도는 늘 불편을 감수해야 하는 법이고, 내가 원하는 최적의 삶을 고려하면서 지혜롭게 줄일 건 줄이고 늘일 건 늘려나가야 할 것 같아요."

나의 조언에 민지 씨는 깊은 고민에 빠졌다. 스스로를 반성하기도 했다. 마지막 상담에서 민지 씨는 말했다.

"늘 관계 때문에 힘들었어요. 친하면 친한 대로 힘들고, 그렇지 않으면 그렇지 않아서 힘들고. 그러는 바람에 제 자신의 행복이나 평정심, 자존감은 신경 쓰지 못했어요. 사람들과 좋은 관계를 맺는 것이 나에게 이롭고 평안한 것이어야 하지, 그런 관계가 오히려 나를 해치면 안 되는데 말이에요. 노력했더니 선배와도 제법 쿨한 관계가 됐어요. 선생님 말씀대로 일주일에 한 번 저녁을 같이 먹는 것만으로 충분하더라고요. 무엇보다 주말을 되찾을 수 있게 돼서 정말 기뻐요."

사람과의 사이에서 적당한 줄타기를 하는 것은 관계를 맺으며 살아가는 우리들에게 꼭 필요한 일이다. 그러나 꼭 하나 기억해야 할 것은 나를 희생하면서까지 관계를 지속할 필요는 없다는 것이다.

이기는 것보다
져주는 것이 더 어렵다

현수 씨는 이번 승진에서 미끄러졌다. 모든 걸 다 잃은 심정이었다. 같은 팀인 현수 씨와 상원 씨, 둘 다 대리였다가 계장 자리를 두고 경쟁했는데 계장 자리는 결국 상원 씨에게 돌아갔다. 그전까지는 둘이서만 따로 술을 마실 정도로 친했지만 상원 씨가 계장이 되고부터는 서먹해졌다. 상원 씨는 그러지 말자고 여러 번 말했으나 아무리 그래도 상사와 부하 관계가 된 마당에 둘이서 술을 마시러 가기가 껄끄러웠다.

전과 같은 일, 같은 일상을 계속하는 현수 씨와는 달리 상원 씨는 팀에서 좀 더 중요한 일을 맡게 되고 주목받게 되었다. 더 마음이 아픈 건 두 사람 다 호감이 있었던 같은 팀 수지 씨와 상원 씨가 '썸'을 타기 시작한 것이었다.

　현수 씨 마음에는 시기, 질투처럼 충분히 예상할 만한 감정뿐만 아니라 미움, 분노처럼 예상치 못한 감정까지 끓어올랐다. 현수 씨는 자다가도 벌떡 일어나 '루저가 된다는 게 이런 건가' 하고 생각할 때도 있었다.

　꼭 한 자리를 두고 둘이 다툴 때만 경쟁이 일어나는 것은 아니다. 그럴 의도가 없었는데 어느 순간 경쟁이 되고, 나는 경쟁한다고 하지만 상대는 그렇게 느끼지 않을 때도 있다. 우정이나 애정을 가장한 경쟁관계도 얼마든지 있다.

　인간관계는 사실 투쟁의 연속이다. 아무리 가까운 사이도 둘의 영역에서 더 많은 공간을 차지하기 위해 신경전을 벌인다. 심리학자들은 세상의 모든 두 사람은 상대에 대한 통제력이나 장악력을 선취하기 위해, 더 많이 갖기 위해 경쟁을 벌인다고 말한다. 특히 부부관계는 갈등 그 자체일 때가 많다. 이긴다고 더 좋은 것이 생기는 것도 아닌데 말이다.

　아바ABBA는 내가 무척 좋아하는 그룹이다. 돌아가신 아버지가 아바의 노래를 많이 좋아했다. 어릴 적 아버지가 들려주는 이들의 노래를 들으며 나도 따라 좋아하게 되었다. 십 대 시절 비틀스를 알게 되면서, 또 이십 대 때 너바나Nirvana를 알게 되면서 멀어졌던 적도 있지만 나이가 들수록 아바의 음악에 점점 더 애착을 느낀다. 아바의 노래 가사는 인생의 진리를 담고 있다. 나에게는 교과서보다 더 나은 인생 참고서일 때가 있다. 요즘은 일주일에 한 번은 꼭 그들의 음악을 틀어놓고 책을 읽거나 글을 쓴다.

아바의 음악은 오랜 세월이 지나도록 빛나지만 멤버들의 개인사는 슬프고 아프다. 아바는 아그네사Agnetha, 비요른Björn, 애니프리드Anni-Frid, 베니Benny 네 명의 멤버 이름에서 첫 글자를 딴 것이다. 그만큼 서로 각별했다. 아그네사와 비요른, 애니프리드와 베니는 부부였다.

비요른과 베니는 따로 음악을 하다가 1966년 남성 듀오를 만들었다. 그러다가 각각 자신의 여자친구인 아그네사, 애니프리드를 끌어들여 4인조 그룹을 만들었다. 아그네사와 비요른은 1971년 결혼했고 애니프리와 베니도 1978년에 부부가 되었다. 그들은 아름다운 선율과 공감 가는 가사, 매혹적인 가창력으로 유럽인들의 사랑을 받기 시작했다. 그러다 미국과 전 세계 대중에게도 큰 사랑을 받았다.

하지만 아그네사는 성공이 달갑지 않았다. 갓 태어난 아들 크리스티앙을 떼놓고 전 세계를 돌며 공연을 해야 하는 상황을 쉽게 받아들이지 못했다. 그 때문에 우울증에 시달리기까지 했다. 결국 1979년 비요른에게 이혼을 통보했고, 두 사람은 영원히 친구로 남았다. 둘은 헤어지면서도 여전히 서로를 사랑했다. 비요른은 그 후 아그네사를 꼭 닮은 여성과 재혼했지만, 영영 아그네사를 잊지 못했다. 애니프리드와 베니 역시 1981년 이혼했다. 이혼 후에도 네 사람은 활동을 이어갔지만 오래가지는 못했다.

여성 멤버 아그네사와 애니프리드는 음악을 그만두고 칩거했다. 반면 비요른과 베니는 계속 음악 활동을 했고, 아바의 음악을 테마로 한 뮤지컬 「맘마미아」로 다시 한번 세계적인 인기를 누린다.

내게 아바의 노래 중 무엇을 가장 좋아하는가 같은 질문은 곤란하다. 좋아하는 노래가 너무 많아서다. 하지만 가장 아끼는 노래 중 하나는 「이긴 자가 모두 가진다The Winner Takes It All」이다. 적어도 내게는 누군가와 이별했을 때 이만큼 위안을 주었던 노래도 없었다.

「이긴 자가 모두 가진다」는 이혼하며 겪은 아픔을 아그네사가 가사로 적은 노래다.

"우리가 겪은 일에 대해 말하고 싶지 않아. 내게 상처를 주었지만, 이젠 과거잖아. 내가 할 수 있는 일은 다 했고 너 역시 할 만큼 했어. 더 이상 말하고 싶지 않아. 내놓을 좋은 패가 더는 없으니까. 이긴 자가 모든 걸 가지지. 승자의 옆에서 패자는 작아질 뿐. 그것이 그녀의 운명이지."

나는 이 노래를 자주 음미한다. 인간관계의 실패를 경험했을 때 필요한 것들을 너무도 잘 알려주는 내용이기 때문이다. 꼭 남녀관계가 아니라도, 모든 인간관계에서 이 가사가 전하는 진실은 통한다. 현수 씨와 상원 씨의 경우처럼 말이다.

이 노래를 좋아하게 된 후 나에게 이런 마음이 생긴 것 같다. 인간관계에서 절대 패자가 되지 말자.

하지만 살다 보면 좌절과 패배를 피하기 어렵다. 패자가 되지 않는 최선의 방법은 비록 경기에서는 져도 마음까지는 지지 않는 것이다. 최선은 이기는 것이겠지만 그보다 안전한 것, 현실적인 대책은 영원한 패자로 남지 않는 법을 배우는 것이다.

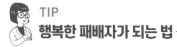

1. 우선 최선을 다해 경쟁에 참여해야 한다. 싸워보지도 않는다면 후회가 더 클 것이기 때문이다.

2. 그다음으로 패배의 경험을 오래 담아두지 말아야 한다. 패배에서 오는 부정적 감정이 오래가지 않도록 다양한 심리적 방어를 펼쳐야 한다.

3. 실패의 경험은 미래의 자산이 된다는 사실을 잊지 말아야 한다. 에디슨은 이렇게 말했다. "나는 천 번을 실패한 것이 아니다. 전구를 만들지 못하는 천 가지 방법을 성공적으로 발견했다."

4. 이긴 자를 미워하거나 시기, 질투하는 일을 자제하라. 앞서 배운 것처럼 질투나 시기는 대단히 본능적이다. 그런 마음이 들지 않는다면 사람이 아니다. 하지만 자제력 훈련을 통해 질투하는 감정 뇌를 다스리는 법을 꾸준히 연마해야 한다. 질투나 시기는 삶의 에너지를 갉아먹는다. 제대로 날아오르고 싶다면 질투나 시기를 잊는 법부터 배워야 한다.

5. 패배했다면, 비슷한 상황에서 어떻게 승자가 될 수 있을지 실패를 거울삼아 정리해보라. 실패담을 일기나 에세이로 써보라. 놀라운

효과를 경험할 것이다.

6. 패배로 인한 감정을 충분히 살펴보라. 억누르거나 회피하지 말고 슬퍼하고, 화내고, 미워하라. 단, 타이머를 맞춰놓아라. 몇 시간, 며칠, 몇 주 정도에 타이머를 맞추고 그 이후에는 절대 그 감정에 사로잡히지 않겠다고 약속하라.

7. 승자에게 응원과 축하의 박수를 보내라. 옹졸한 사람으로 남고 싶지 않다면 마음이 내키지 않더라도 박수를 쳐줄 수 있어야 한다.

8. 이번 한 번 실패했을 뿐이라고 생각하라. '나는 계속 실패하고 있고, 영원히 패배할 거야' 라고 생각해서는 안 된다.

9. 수치심을 이기기 위해 노력해야 한다.

좋은 사람이 되고 싶다면
불순한 의도를 넣지 마라

누구나 다른 사람에게 좋은 인상을 남기고 싶어 한다. 설사 다시 못 볼 사람이라도, 비록 마음에 들지 않는 상대에게라도 '그 사람 좋더라' 하는 이미지를 심어주고 싶어 한다. 이런 마음이 없거나 이런 노력을 하지 않는 것이 오히려 이상하다. 좋은 인상을 남기는 일은 현대인이라면 누구나에게 주어진 숙제일지도 모른다.

꼭 성공을 위해서뿐이겠는가. 길게 보면 이는 봄에 씨를 뿌리는 일과 같다. 대개 인생 후반에 그 결실이 찾아오기 때문이다. 많은 사람에게 좋은 인상을 남겼다는 것은 성공한 인생의 증거가 될 수 있다.

무척 인색한 한 사람을 알고 있다. 그와는 이리저리 엮여서 경조사를 챙기지 않을 수가 없는데, 그의 동생 결혼식을 갔더니 너무 한산했다. 그의 부모님 얼굴에는 초대한 손님들이 많이 오지 않아 낙담한 표정이 역력했다. 그 사람 표정도 마찬가지였다. 평소 인색하게 군 것이 그날만큼은 후회가 됐을 것이다.

내가 잘 아는 또 한 사람은 교육 관련 사업을 한다. 언젠가 대규모 교육박람회에 참여했는데 며칠이 지나도록 방문자가 몇 안 됐다. 마지막 날 오후 늦게 어느 학교의 교장이 부스를 찾아왔다. 교장은 관심을 보이며 집요하다 싶을 만큼 꼬치꼬치 물었다. 그는 늘 그랬던 것처럼 성심껏 자기 제품을 설명했다. 사실 그 제품은 교장에게 팔 수 있을 만한 것이 아니어서 내가 보기에는 괜한 짓이었다.

그는 당시 사업 자금 때문에 쪼들리고 있었는데, 얼마 후 아주 유리한 조건으로 투자를 하겠다는 사람이 나타났다. 알고 보니 박람회에서 만난 그 교장의 친한 친구였다. 친구가 그의 사업을 매우 좋게 평가하더란 것이다. 그래서 자신도 알아보고 투자를 결정하게 됐다고 했다. 그 후 그는 승승장구하고 있다.

우리는 감정의 동물이기에 매번 좋은 감정으로 사람을 대할 수가 없다. 화가 나거나 짜증이 날 때도 많고, 그럴 때면 꼭 중요한 미팅이 잡힌다. 마음이 편치 않을 때는 아무리 중요한 일이나 사람을 만나도 좋은 인상을 남기려는 노력을 하기가 쉽지 않다.

사실 남에게 좋은 인상을 남기는 것보다 중요한 것이 나쁜 인상을 남기지 않는 일이다.

이도 저도 아닐 때도 많다. 좋은 인상도 나쁜 인상도 주지 못하는 것이다. 상대에게 나는 흔남흔녀인 것이다. 도시인이라면 이를 감수하고 살아야 한다. 도시에서 벌어지는 수많은 만남과 헤어짐이 우리의 감각을 둔하게 만들어버린다. 스쳐 가는 수많은 사람에게 촉각을 곤두세우고 있어서는 견딜 수가 없다. 그래서 정작 중요한 만남, 좋은 인상을 남겨야 하는 만남에서도 그러기가 쉽지 않다.

어떻게 상대에게 좋은 기억을 심어줄 수 있을까?

어떤 기억은 상대의 유전자까지 거스를 수 있다. 심리학자 콘라드 로렌츠의 유명한 실험을 알 것이다. 로렌츠는 오리알을 두 그룹으로 나눠 부화시켰다. 한 그룹은 어미 오리가 부화하게 하고, 다른 그룹은 로렌츠가 직접 부화시켰다. 로렌츠가 부화시키고 먹이를 준 새끼오리들은 곧 그를 어미로 알고 졸졸 따라다녔다.

그저 오리를 열심히 돌본다고 되는 일은 아니다. 새끼 오리로 하여금 나를 부모로 믿게 할 수 있는 시기는 부화 후 13~16시간 사이이기 때문이다. 너무 어려도 안 되고 이미 머리가 굵어져도 소용이 없다. 로렌츠는 이 과정이 어린 새끼의 뇌에 돌이킬 수 없는 도장을 찍는 것과 같다는 의미에서 '도장 찍기prägung'라고 불렀다. 바로 각인刻印효과다. 좋은 인상을 심어주는 것은 이처럼 상대의 뇌리에 도장을 찍듯 선명하게 기억을 새겨주는 일이다.

이십 대 때 일이다. 알고 지내는 사람들 사이에 재미난 일이 벌어졌다. 한 여자를 두고 두 남자가 경쟁을 벌인 것이다. 그 여성은 그중 한 사람을 사귀었는데 왜 그를 택했는지 이유를 들을 기회가 있었다. 한쪽 남자는 주로 선물 공세를 했고, 그녀는 부담스러워 그러지 말라고 할 때가 많았다. 다른 한 남자는 물질적인 어필 대신에 특이한 데이트 장소를 물색해두고 안내했다. 한 번은 유명한 외국 화가의 전시회에 데리고 간 적이 있는데 미술을 좋아하는 그녀는 그때 그에게 마음이 많이 기울었다.

선물 공세를 편 남자가 훨씬 더 많은 돈을 썼지만 좋은 인상을 심어주는 데는 실패했다. 선물을 해야 한다면 물질보다는 시간을 선물하는 편이 좋다. 이를테면 명품백을 사주기보다는 여행을 가 함께 시간을 보내는 것이 각인 효과가 훨씬 뛰어나다.

물론 여러 여건상 쉽지 않은 일이다. 무조건 시간을 함께한다고 다 되는 것도 아니다. 상대가 기억할 만한 인상적인 말, 표정, 배려와 희생, 의미 있는 체험이 동반돼야 한다.

물질로 선물을 할 수밖에 없을 때는 먹을 수 있는 것보다 먹을 수 없는 것을 선물하는 편이 낫다. 근사한 레스토랑에서 랍스터나 스

테이크를 사주기보다는 좋은 글귀를 새긴 특별한 머그잔 하나를 사주는 것이 마음을 **빼앗는** 방법이다. 즐거운 식사 한 번보다는 곁에 두고 계속 보게 되는 작은 머그잔이 기억을 떠올리고 고마운 느낌을 갖게 한다.

   좋은 인상을 남기고 긍정적인 이미지를 심어주는 것은 늘 고민해야 할 문제다. 참고할 만한 애니메이션이 하나 있다. 바로 「인사이드 아웃」이다. 우리의 모든 기억은 감정의 색을 입는다. 개개의 사건들은 즐거움, 슬픔, 분노, 혐오의 감정이 칠해져 우리의 신경세포에 새겨진다. 「인사이드 아웃」을 보면 이를 알 수 있다.

   결국 좋은 인상이란 나에 대한 기억이 기쁨이나 호감과 같은 긍정적인 감정과 함께 새겨지는 것이다. 그러니 그가 어떻게 느끼느냐가 문제다. 어마어마하게 비싼 선물을 해도 상대가 그것을 뇌물로 생각한다면 좋은 인상을 남기기 어렵고, 함께 등산을 하다가 손 한 번 잡아주었을 뿐인데 배려나 희생이라고 생각했다면 좋은 인상이 각인될 것이다.

   그러니 상대가 좋아할 만한 것을 눈치껏 해주는 것이 좋은 인상을 주는 방법이다. 그리고 싫어할 만한 일은 가급적 하지 않는 것이다. 그러기 위해서는 상대에 대한 애정 어린 관심이 필요하다. 상대가 좋아하는 게 무엇이고 싫어하는 것은 무엇인지, 어떨 때 더 기뻐하고 즐거워하는지 평소 눈여겨보는 것이 최선의 방법이다.

좋은 인상을 남기겠다고 매일 의미 없는 말을 쏟아내는 사람도 있다. 그런 사람들을 숱하게 보지 않았는가? 의도와는 다르게 부정적인 인상을 주게 될지 모른다. 귀찮은 스팸메일 공세를 펼칠 게 아니라 인상적인 손편지 한 통을 써라. 조금 자제력을 갖고 상대를 관찰하라. 그리고 상대가 정말 재미있어하는 일, 칭찬과 격려가 되는 일을 아주 가끔이라도 해주는 것이다. 그럴 때도 상대의 표정을 유심히 살펴보라. 좋은 인상을 심어줄 만한 일이었다면 상대의 얼굴에 긍정적인 반응이 나타날 것이다.

도시에서 살아가노라면 좋은 인상을 심어주기가 쉽지 않다. 도시에서 나의 매너는 흔하디흔한 것이지만, 시골 할머니에게는 굉장히 친절한 배려가 된다. 진심 어린 관심이라곤 느낄 수 없는, 작위적인 이미지 메이킹이 난립하는 도시에서는 가면과 진짜 얼굴을 구분하기가 어렵다.

그럴수록 우리는 더욱 진심을 원한다. 최근 들어 사람들의 그런 내밀한 욕구를 체감할 때가 많다. 그러니 상대가 모른 체, 관심 없는 체, 귀찮은 체할지라도 속내는 또 다를지 모른다. 좋은 인상을 바란다면, 그 사람이 진심으로 원하는 것이 무엇일까 한 번 더 고민해봐야 할 것이다.

까칠한 말투를
품위 있는 말투로

천 냥 빚을 대신 갚는 것이 말이다. 인간관계는 오가는 말로 유지되므로 말을 잘하는 것은 인간관계를 살찌우는 지름길이다. 그런데 말을 잘하기가 정말 어렵다. 예전에는 히틀러 같은 사람이 말 잘하는 사람에 속했지만 요즘은 그렇지가 않다. 내 앞에서 누가 일장 연설을 하는 것은 결단코 사절이다.

요즘에 말을 잘하는 사람이란 듣는 이의 마음을 부드럽고 촉촉하게 만들어주는 사람이다. 대화를 나누고 나면 마음이 편안해지고 부담 없이 다시 만날 생각이 드는, 공감 능력이 풍부한 사람이다. 그런데 상대를 위한다고 한 말이 오히려 독이 될 때가 있다. 나에 대한 인상을 구기고 믿음을 잃게 할 때가 적지 않다.

내 의도와는 상관없이 왜 이런 일들이 일어날까?

의도가 나쁜 것이 아니었음에도 이런 일들이 반복되는 이유는 잘못된 언어습관 때문이다.

우리는 말을 배우고 익히며 자기만의 말하기 방식을 만들어간다. 그것이 저마다의 언어습관으로 굳는다. 한 사람의 언어는 그의 개성이 가장 잘 드러나는 특성이다. 요즘 많이 쓰는 까칠남, 철벽녀, 친절남, 매너남, 차도녀 같은 호칭 역시 언어습관과 관계가 깊다.

"그 영화 정말 재밌지 않아?"라는 질문에 까칠남은 이렇게 대꾸한다.

"별로, 그다지."

한두 번은 봐줄 수 있지만 매번 이런 식이라면 어떤 것으로 보상해도 밥맛 떨어지는 사람으로 낙인찍힌다. 대단한 매력이 없는 한 주변에서 사람들이 점점 사라질 것이다. 하지만 정작 본인은 억울해한다. 늘 하던 대로 말했을 뿐인데 사람들이 매번 오해를 한다는 것이다.

사실 이 정도라도 알고 있다면 다행이다. 내 말투에 문제가 있구나 싶을 때가 고치기 좋을 때다. 하지만 자신이 어떤 말투를 가졌는지조차 모르는 사람이 태반이다. 알면서도 어쩔 수 없다며 포기하는 사람 또한 적지 않다. 습관이 된 말투를 어쩌겠냐고 한다. 당연히 수십 년 몸에 밴, 자신도 모르게 새겨진 언어습관을 바꾸기는 쉽지 않다. 하지만 간단한 몇 가지만 바꿔도 문제적 말투가 상당히 달라질 수 있다. 우선 자신의 언어습관부터 관찰해볼 필요가 있다. 스마트폰의 녹음 기능을 이용해 내가 어떻게 말하는지 들어보라. 아마 충격을 받을지도 모른다.

상대의 기를 살리고, 즐겁게 하고, 마음을 편안하게 해주는 말투가 있는가 하면 기를 죽이고, 기분을 상하게 하며, 정나미 떨어지게 만드는 말투도 있다. 문제적 말투의 예를 들면 다음과 같다.

"너는 항상 그러더라."

왜 대화를 '나는'이라고 시작하지 않고 '너는'이라고 시작할까?

이는 자기방어를 위해 오랫동안 익혀온 언어습관 가운데 하나다. 주어를 '나'로 시작하면 쉽게 '나'의 약점이 드러난다. 도시인이 가장 싫어하는 일일 것이다.

"너 오늘 참 멋지다" 같은 말을 제외하면 '너'로 시작하는 말은 상대에 대한 판단이나 평가, 규정, 비난의 말이기 쉽다.

우리는 약점을 보이기 싫고, 감정을 드러내기 두려워서 '나'가 아니라 '너'로 대화를 시작하고 대신 '너'를 평가하고 판단한다.

일본사람들과 대화를 해보면 상대에 대한 평가를 좀처럼 하지 않는 언어습관을 발견할 때가 많다. 일본의 언어문화 때문일 것이다. 그런데 대화를 잘 못 하는 사람, 관계 루저들은 시도 때도 없이 타인을 평가한다. 그게 자기만의 애정이고 관심이라고 여기는 사람까지 있다.

대화를 하다 내 생각을 전하다 보면 어쩔 수 없이 상대에 대한 평가, 판단, 부탁, 요구가 끼어들 수 있다. 이때 '나'로 문장을 시작하면 대화가 한결 부드러워진다. 가령 엄마가 이렇게 말한다고 해보자.

"너는 왜 만날 늦게 일어나니?"
"엄마는 우리 윤서가 늦게 일어나서 학교에 지각해서 혼날까 봐 걱정이돼."

전하고자 하는 메시지는 결국 같다. 하지만 아이의 마음에 일어나는 감정은 전혀 다를 것이다.

좋은 감정은 더 창의적이고 효율적으로 일하게 만든다. 정말로 윤서가 제시간에 일어나기 바란다면 후자처럼 말하는 것이 맞다.

추임새, 첨언 사용도 상대의 감정에 큰 변화를 준다. 좋은 마음을 야금야금 파먹는 사악한 추임새가 있고, 조금씩 기분을 나아지게 하는 천사의 추임새가 있다. 우리는 "아니"라는 추임새를 자주 대화에 집어넣는다. "아니, 그게 아니고, 이번 일은 이렇게 하는 게 맞아"처럼 말이다.

똑같은 내용이지만 이렇게 표현하면 전혀 느낌이 달라진다.

"맞아, 그렇지. 하지만 이번 일은 좀 다르게 접근하는 게 좋을 것 같아."

"아니"와 "글쎄, 과연 그럴까?" 같은 말은 듣는 이의 마음에 생채기를 낸다. 조심해야 하는 말투다. 그런 말투에 질려서 사람들이 내게서 멀리 떠나간 것인지 모른다. 반대로 "맞아" "그렇죠" "네, 좋습니다"는 상대의 뇌에 조금씩 호감과 긍정을 쌓는 말이다.

좋은 대화 분위기를 만드는 방법으로 자신의 허점을 내보이는 것도 있다. 일명 '개그맨 되기' 화법이다. 내가 아는 말하기 달인들은 거의 모두 이 방법을 쓴다. 사람들은 허점 보이기를 싫어하지만 웃음은 대개 실수나 허점에서 나온다. 해학이나 유머의 심리적 기초는 불완전한 것에서 느끼는 해방감이라고 할 수 있다.

"좀 전에 화장실에서 거울을 보는데, 너무 눈이 부셔서 눈을 뜰 수가 없더라고."

대머리 과장님이 어느 날 이렇게 말하면 모두 깔깔거릴 것이다.

이처럼 긍정적 감정이 넘치는 분위기를 만들고 나서 업무를 지시하면 그 명령이 주는 억압의 강도는 한층 낮아질 것이다.

명령과 지시의 말은 억압과 강요의 족쇄를 채운다. 악명 높은 "꽤 넘치 마라, 잊어라" 같은 말에는 상대의 감정마저도 조종하려는 폭압이 숨어 있다. "우리 기뻐하자"처럼 감정을 강요하는 말도 해서는 안 된다. 감정의 주인은 그 사람 자신이기 때문이다.

나를 안다는 것은 나의 말투를 안다는 것이기도 하다. 심리학에서 성공하는 사람의 주요 특징으로 꼽는 것이 자기성찰지능이다. 말 그대로 자신이 어떤 사람인지를 알고 자신과 관련된 일들이 어떻게 벌어지고 진행되는지 아는 능력이다.

사람은 변한다. 말투도 변한다. 하지만 언젠가는 변하겠지 하고 내버려 두어서는 천년만년이 가도 변할 일이 없다. 의식적인 자기갱신이 필요하다. 게다가 세상이 변하고 있다. 지금은 지성언어에서 감성언어로의 대전환 시대다. 감성언어를 잘 쓰지 못하는 사람일수록 이런 세상의 변화를 놓쳐서는 안 될 것이다. 스마트폰으로 불편한 뉴스 기사만 검색하지 말고, 자신이 내뱉는 말들을 녹음해 꼼꼼히 모니터링해보기 바란다. 내가 한 말에 상대가 어떤 감정을 가졌을지 상상해보라.

말투는 술처럼 조금씩 익어가는 개성이다. 누군가에게 품위가 있다고 할 때는 대개 말투를 두고 하는 말이다. 좋은 인간관계를 위해서는 품위 있는 말투를 갖기 위해 노력해야 한다. 꾸준히 연습하다 보면 어느새 까칠한 말투가 부드럽고 품위 있는 말투로 변하고, 내 삶에도 유익한 일들이 가득할 것이다.

미안하지만
그건 네 생각이고

이제부터는 사적 영역에서 누군가의 질투에 시달릴 때 해볼 수 있는 방법들에 대해 알아보겠다.

먼저 그를 바꾸려고 하지 마라. 나쁜 남자를 고쳐서 살아보겠다고 결혼까지 했다가 인생이 망가진 여성들이 얼마나 많은가?

질투하는 사람은 끝까지 질투한다. 대개는 당신의 호의나 조심스러운 언행으로도 쉬이 바뀌지 않는다. 그러니 이런 자세가 필요하다.

"넌 그렇게 생각하는구나. 그럼 어쩔 수 없고."

뇌과학적으로 말하면 질투의 화신들은 뇌가 아파서 남을 해코지하는 것이다. 질투심이 생길 때 발산하지 않으면 그들은 굉장한 고통을 느낀다. 본인도 어쩔 수가 없는 것이다. 가령 그가 당신에게 이렇게 말할 수 있다.

"그 옷, 너하고는 안 어울리는 것 같아."

만약 당신이 대꾸하지 않는다면 그의 심리조종이 효과를 발휘한 것이다. 즉각적으로 반응하라. 내가 호락호락하지 않음을 똑똑히 알리기 바란다.

"그건 네 생각이고, 다른 사람들은 잘 어울린다고 하던데."

성격장애 유형이 아니라면 질투의 화신들은 심리적으로 취약한 사람들이다. 나의 센 발언에 움찔할 수 있다.

가장 중요한 것은 연대다. 피해자들끼리 힘을 합치는 것이 좋다. 물론 비정상적인 방법으로 질투의 화신을 따돌리라는 말은 아니다. 그 사람 하나 때문에 죄를 짓거나 죄책감을 느낄 일을 할 필요는 없다. 펭귄들처럼 서로 몸을 밀착하고 있으면 추위를 훨씬 덜 느낄 수 있다. 무리를 지어 있으면 상대는 감히 공격할 마음을 먹지 못한다.

무리에서 떨어진 한 마리가 먹잇감이 되는 것이다. 이상한 사람들에게서 살아남기 위해서는 '감정의 노조'를 만드는 것이 필요하다. 여기까지는 예방책이다.

이제 실전이다. 질투의 화신이 던진 말과 행동 때문에 괴롭다면 내 안에서 논리적으로 반박하는 것이 중요하다. 일부러 딴청을 피우거나 무조건 잊으려 들면 오히려 무의식을 어지럽히고 화병만 키우게 된다. 그의 언행을 합당하게 분석해 나를 상처 입히지 못하게 할 필요가 있다.

그 사람이 대학 동기 모임에서 이렇게 말했다고 하자.

"너, 아까 보니까 연우랑 되게 친한 척하더라."

그 말을 분석해보라.

'자기도 연우랑 친해지고 싶었나 보네. 그런데 그게 잘 안 되나봐. 쟤는 원래 질투가 장난 아니지. 나는 늘 하던 대로 했을 뿐인데 내가 연우한테 환심을 사려 한다고 생각하고 있군. 동기끼리 그런게 어디 있어. 뭐 남자애들이 다 저하고만 친해야 하나. 무슨 열등감이야. 안됐다.'

생각 정리는 10분이 넘지 않도록 하라. 그런 다음에는 기분을 좋아지게 할 다른 일들을 찾아보라. 분석이 과하면 집착이 될 수 있다. 가장 나쁜 것이 부정적인 감정을 꺼내 곱씹는 것이다. 질투의 화신들이 가장 바라는 일이다.

기분을 다스리는 50가지 방법 —————————

1. 편한 친구를 만나 툭 터놓고 수다를 떤다.

2. 거울 속의 나와 진지하게 대화를 나눈다.

3. 평소 다니는 길이 아닌 길로 여유롭게 걸어가본다.

4. 마음에 드는 시를 몇 편 외운다.

5. 꿈을 100가지 적어본다.

6. 하루 세 번 거울 속의 나에게 미소 짓는다.

7. 하루 한 번 이상 다른 사람들의 좋은 점을 찾아내 칭찬한다.

8. 나 자신을 위해 꽃을 산다.

9. 날씨가 좋은 날에 석양을 보러 산책을 나간다.

10. 하루에 세 번 사진을 찍고, 사진을 찍을 때는 환하게 웃는다.

11. 아침에 일어나 오늘 하고 싶은 일을 하나 적고 실천한다.

12. 몰입할 수 있는 새로운 취미를 만든다.

13. 음악을 크게 틀어놓고 내 맘대로 춤을 춘다.

14. 망설이는 일 리스트를 작성하고 쉬운 일부터 한 가지 먼저 해결한다.

15. 일하는 중간중간 크게 웃으려고 노력한다.

16. 매 순간이 생의 단 한 번뿐인 귀한 시간임을 잊지 않는다.

17. 지금 하고 있는 일을 사랑하려고 노력한다.

18. 먼저 큰소리로 상대에게 인사한다.

19. 친한 이들 가운데 유머러스한 사람과 좀 더 자주 오래 이야기를 나눈다.

20. 잘해야 한다는 강박관념을 버리기 위해 노력한다.

21. 인생은 불완전하고 불안정한 것임을 인정한다.

22. 남의 눈치를 보지 않으려고 노력한다.

23. 남에게 뭔가 해주고서 바라는 마음을 버린다.

24. 감사한 일을 하루 한 가지씩 적는다.

25. 멋진 여행을 구체적으로 계획한다.

26. 시간이 날 때마다 즐거운 상상을 한다.

27. 목청껏 노래를 불러본다.

28. 감사한 마음이 생기면 지체하지 않고 표현한다.

29. 하루에 한 번이라도 나에게 사랑한다는 말을 한다.

30. 소중한 사람들에게 진심 어린 편지를 쓴다.

31. 마주치는 아주 작은 것들에 감사한 마음을 갖는다.

32. 요리를 해서 먹는다. 누군가를 초대하면 더 좋다.

33. 다시 일기를 쓴다.

34. 한 번도 해보지 않은 일에 도전한다.

35. 스트레스를 무조건 피하지 말고 있는 그대로 받아들인다.

36. 할 일이 있다면 미루지 말고 지금 당장 시작한다.

37. 울고 싶을 땐 소리 내어 실컷 운다.

38. 숨을 깊고 길게 들이마시고 내쉰다.

39. 인생은 본디 혼자라는 사실을 부정하지 않는다.

40. 내 모습을 그대로 인정하고 사랑한다.

41. 그들이 나와 다를 수 있다는 사실을 인정한다.

42. 매일 저녁 20분쯤 하루를 돌이켜보는 명상의 시간을 갖는다.

43. 마음을 편안하게 해주는 음악을 고르고 하루 중 그 음악을 듣는 시간을 마련한다.

44. 싫은 것은 당당히 "노"라고 말한다.

45. 모든 일을 지나치고 심각하게 받아들이지 않는다.

46. 천천히 여유를 부리며 걸어본다.

47. 좋아하는 사람에게 날을 잡아 마음껏 베푼다.

48. 비교하는 마음을 버린다.

49. 인생에서 정말 중요한 것은 무엇인지 생각해본다.

50. 사랑하는 사람의 눈을 보며 사랑한다고 말한다.

내 안에 숨어 있는
질투심을 버려라

한 남자가 있다. 그는 사건·사고 기사만 골라 읽었다. 특히 유명인의 사건 기사를 보는 것을 무척 재미있어했다. 다른 사람에게 기사 내용을 전하거나 함께 이야기할 때는 더욱 즐거워했다. 그가 열심히 보고 남들에게 전하는 소식은 대개 유명인의 비극적인 사생활이었다.

그는 무척이나 열등감이 심한 사람이었다. 독일어에 '샤덴프로이데schadenfreude'라는 말이 있다. 손해를 뜻하는 '샤덴schaden'과 기쁨을 뜻하는 '프로이데freude'가 합쳐진 말로, 다른 사람의 불행을 보면서 즐긴다는 뜻이다.

나는 그렇지 않다고 자신할 사람이 있을까? 우리는 조금씩이라도 타인의 불행을 즐긴다. 아는 사람이나 가까운 사람일 때 이런 감정을 더 잘 느낀다. MRI를 이용해 뇌를 찍어보면, 질투나 시기의 대상이 불행에 빠진 소식을 들었을 때 뇌에서 기쁨과 만족을 담당하는 복측선조체ventral striatum가 활성화되는 것을 알 수 있다.

그래서 질투하거나 싫어하는 유명인의 불행을 접하면 쾌감을 느끼는 것이다. 그도 모자라 악플을 달기도 한다. 더욱 강한 쾌감을 경험하기 위해서다.

요즘 연예오락 프로그램 가운데 유독 '휴밀리테인먼트humili-tainment'가 많은 것도 비슷한 이유다. 휴밀리테인먼트는 '굴욕humiliation'과 '오락entertainment'의 합성어로 등장인물 가운데 누군가가 굴욕을 당하는 모습을 주로 보여주는 것이다.

누구나 질투의 감정이 있지만 인간관계에서 질투를 남발하면 안 된다. 겨우 일구어온 인간관계가 끝장날 수도 있으니 말이다. 그래서 연예인이 당하는 굴욕을 보면서라도 내 안의 시기와 질투를 해소하는 것이 안전한 인간관계를 위한 방법이다. 그러나 굴욕 프로그램을 시청할수록 나의 질투 뇌가 쉬이 흥분하고 활성화될 수 있다. 질투심이 사라지기보다는 더 넘칠 수 있기에 조심해야 한다.

질투의 화신들과 줄다리기를 하며 잘 지내는 것도 중요하지만 내가 질투의 화신이 되지 않도록 주의를 기울이는 것도 중요하다. 경쟁적이고 삭막한 도시에서 살다 보면 나도 모르게 질투의 화신이 된다. 내 안에 질투심이 넘쳐흐르면 어느새 자존감은 무너지고, 나는 부정적 감정들의 노예가 된다.

내 질투심이 심상치 않다고 생각된다면 일상의 언어를 녹음해 들어보라. 최대한 의식하지 말고 평소 하던 대로 농담과 대화를 나누어보라. 녹음을 들어보고 깜짝 놀랄지도 모른다.

그렇다면 당신은 질투의 언어를 얼마나 내뱉고 있을까?

"그거 별거 아냐."
"그 사람 그것밖에 안 돼?"
"도대체 걔는 왜 그래?"

이런 말들이 나의 질투 뇌를 키운다. 그러니 차오르는 질투를 누르며 이렇게 말하기 위해 노력하라.

"내가 보기에는 괜찮던데."
"그럴 수도 있는 거지."
"다 이유가 있을 거야."

호감과 동조의 감정을 늘리기 위해 노력하라. 사람들의 장점을 보는 연습을 해라. 아무리 못마땅한 사람도 찾으려고 애쓰면 장점이 보인다. 그러면 그 사람은 내 편이 된다. 언젠가 그가 생각지도 못한 유익을 가져다줄 수 있다.

어쩌면 당신은 이미 반쯤 질투의 화신일 수도 있다. 야수 같은 나의 질투를 잠재울 또 하나의 방법은 바로 영화와 문학작품 감상이다. 예술작품은 카타르시스를 제공한다. 카타르시스는 예술 체험을 통해 내면에 쌓인 감정을 내보내는 것이다. 효과가 보증된 방법이다. 셀프테라피로 안성맞춤이다.

영화나 소설을 몰입해 보고 나서 부정적인 감정이 빠져나가고 무념무상 상태에 이르는 경험을 해본 적이 있는가? 물론 모든 영화와 문학작품이 다 효과가 있지는 않다. 감정이 담뿍 담긴 로맨틱 코미디나 예술영화가 좀 더 도움이 된다. 내가 자주 추천하는 영화로는 「러브 액츄얼리」와 「어바웃 타임」을 만든 리처드 커티스 감독의 작품들이 있다. 문학에서는 셰익스피어의 「오셀로」를 들 수 있다.

시기심이나 질투를 이처럼 안전한 매체를 통해 흠뻑 쏟아내는 것은 정신건강에 매우 유익하다.

혼자 잘해주고
혼자 상처받지 마라

 "어쩌겠어요. 제가 용서해야죠."

우빈 씨는 대학원 동기 진호 씨 때문에 꽤 오래 속앓이를 했다. 그 일만 떠올리면 지금도 화가 나고 그 친구가 꼴도 보기 싫어진다.

몇 달 전 두 사람은 연구실이 들썩일 정도로 심하게 다퉜다. 잘못한 쪽은 진호 씨였다. 진호 씨는 기한 내에 내야 하는 공모전 서류를 깜빡하고 제출하지 못했다. 우빈 씨 역시 갑자기 처리할 일이 생겨 미처 챙기지 못했다. 제출 책임자는 진호 씨였다. 몇 달이나 고생해 준비한 공모전인데 아예 응모도 못 한 것이다. 진호 씨는 며칠을 망설이다 이를 실토했고, 팀원들은 그를 성토했다.

우빈 씨는 진호 씨를 만날 때마다 이 일을 질책했다. 가장 열심히 공모전을 준비했기에 분을 참지 못했다. 애초에 기획하고 핵심 아이디어를 낸 것도 우빈 씨였다. 1년 가까이 노력한 일이 수포로 돌아가자 허탈하고 분한 마음을 가눌 수 없었다.

우빈 씨는 화병에 걸린 것 같았다. 그래서 지인을 통해 내게 어떻게 하면 좋겠냐고 문의를 해왔다. 너무 분해 공부도 못할 지경이라 기말시험까지 망치고 말았다면서 무슨 책을 읽으면 도움을 받을 수 있을지 조언을 구했다. 전화를 바꿔 그와 직접 통화했다. 나는 몇 가지 책을 소개해주며 결국 최종 목표는 용서라는 말을 건넸다.

상담을 하다 보면 미움과 분노, 원한에서 한 치도 벗어나지 못하는 사람들을 만난다. 그런데 누군가를 미워하는 사람들이 잘 모르는 중대한 사실 하나가 고통받고 망가지는 쪽은 결국 미워하는 사람이라는 사실이다. 얼핏 보면 미워하는 사람이 승자 같고 미움받는 사람이 패자 같지만, 미워하는 사람이 더 크게 손해를 입는다. 미움은 인간의 감정 가운데 가장 파괴적인 감정이다.

그러니 현명한 사람이라면 미움 대신 용서를 택할 것이다. 하지만 우리는 상대의 잘못을 쉽게 용서하지 못한다.

한 가지 이유는 불공평하다고 느끼기 때문이다. 상대는 잘못을 하고도 잘 지내는데, 그 사람 잘못 때문에 나만 불이익을 겪고 있다는 억울함이 용서를 가로막는다. 그 사람을 계속 미워해서라도 이 억울함, 불공평함을 보상받고 싶은 것이다. 인생이 뜻대로 되질 않는다는 실망감이나 좌절감도 용서를 할 수 없게 만든다. 그래서 용서는 내 뜻대로 되지 않는 일에 대해 체념하는 지혜이기도 하다.

미움에서 벗어나지 못하면 그 사람과의 관계뿐만 아니라 다른 일도 잘 풀리지 않는다. 미움을 내려놓지 못하는 것이 얼마나 파괴적이고 소모적인지 당신도 잘 알 것이다. 그러니 미움이 솟을 때 가장 먼저 용서를 떠올려야 한다.

용서는 우리 내면에 생각지도 못한 선물들을 가져다준다. 어렵게, 아주 어렵게 용서에 이르면 우리는 인간에 대해 한결 너그러워지고 타인의 실수를 크게 개의치 않는 내면을 가질 수 있다. 평정심이라는 내면이다.

물론 세상 모든 일을 용서하라는 말은 아니다. 용서받지 못할 자도 분명 존재한다. 사실 더 어려운 것은 저 사람이 용서해야 하는 사람인지 한 치의 용서도 아까운 사람인지 엄정하게 판단하는 일이다. 아무리 따져봐도 절대 용서할 수 없는 일이 있다.

가령 나쁜 의도를 갖고서 계속 나를 괴롭히는 사람을 용서해야 할까? 만약 용서한다면 그건 비겁한 것이지 용서가 아니다. 철저한 무관용이 필요할 때도 있다. 봐주지 말고 끝까지 응징해야 할 일도 있는 법이다.

사실 용서할 수 있는 일이 훨씬 더 많다. 용서해도 되는 일조차 꽁한 마음으로 일관하는 것은 어리석다. 내 마음에 미움을 차곡차곡 쌓아가는 일이기 때문이다. 시간을 내서 나의 마음 창고를 뒤져 보라. 큰 미움보다 자잘한 미움들이 더 많을 것이다. 미움으로 내 마음이 무거워져서는 안 된다.

몇 달 후 우빈 씨는 내게 고맙다는 말을 전했다. 진호 씨를 용서했다는 것이다. 밤새 이야기를 나누며 풀었다고 했다. 지금은 둘이 찰떡같이 붙어 다니는데, 크게 한 번 용서했더니 자신에게 너무 잘한다는 말도 덧붙였다.

우리는 매일 실수를 하며 살아간다. 거짓말은 더 많이 한다. 누군가가 모른 척 눈감아주니 변고를 겪지 않고 사는 것일 뿐이다. 그런 우리인데 다른 사람의 작은 실수조차 용서하지 못해서야 되겠는가. 잘못이나 실수를 따끔하게 질책하는 일은 필요하지만, 그 사람까지 영영 용서하지 못할 자로 기억하는 것은 온당치 않다.

용서하지 못한 일은 미결 사건과도 같다. 끊임없이 곱씹게 된다. 생각하고 싶지 않아도 저절로 생각이 난다. 그런데 우리의 마음이나 뇌는 생각보다 용량이 적다. 그래서 부정적인 감정이 증가하면 그 공간은 급격히 좁아진다. 시야도 좁아지고, 판단도 놀랄 정도로 미숙해진다. 사람이 옹졸해진다. 그러니 그때그때 작은 미움들부터 용서로 청소해두어야 한다.

그런데 용서는 여러 감정을 거친 후에야 떠오르는 감정이다. "그래, 용서해주지 뭐" 하는 생각이 들 때까지는 수많은 감정의 강과 사막을 건너야만 한다. 그런 까닭에 억지로 용서부터 하겠다고 덤비는 것도 금물이다. 용서할 마음이 생길 때까지 다른 좋은 감정들을 배회하는 것이 온당하다.

TIP

용서할 때 지켜야 할 원칙들 ─────────

1. 우선 용서해야 할 일과 용서하지 않을 일을 구분한다. 악의를 갖고서 저지른 나쁜 짓은 절대 용서하지 않는다. 하지만 단순한 실수라면 용서해야 한다.

2. 내게 실수를 자주 범하는 사람은 가까이하지 않는다. 그런 사람은 늘 그런다. 그러면 내 용서 에너지를 낭비해야만 한다. 대신 말과 행동에 자제력이 있는 사람을 가까이한다.

3. 용서하겠다고 마음먹었다면 빠르게 실행한다. 그럴 때는 용서의 편지를 쓴다. 분량은 A4 용지로 반 페이지면 적당하다. 사실 반 페이지를 다 채우기도 전에 온전히 용서하는 마음이 생길 때가 많다.

4. 내게 실수한 사람, 미워진 사람의 처지를 생각해본다. 실수할 당시 그가 처했던 상황을 상상해보는 것이다. 물론 이런 방법이 소용없을 때도 있다. 하지만 이해는 공감을 낳고, 공감은 용서를 낳는다. 그러니 최대한 이해하고 공감하는 것부터 해야 한다.

5. 더 좋은 방법은 당사자에게 "용서할게"라고 말하는 것이다. 용서는 가장 큰 용기이고, 용기 있게 말할 때 더욱 빛난다. 가장 좋은

건 만나서 자초지종을 듣고 화해의 시간을 갖는 것이다.

6. 가벼운 용서를 위한 몇 가지 문장이 있다.

"네가 그래서 난 무척 섭섭했어. 하지만 이번만큼은 봐줄게."
"용서할게. 하지만 다음엔 그러지 마. 그땐 국물도 없어."
"그 일 때문에 얼마나 속상했는지 알아? 하지만 지금은 잊었어."
"이번 한 번만 용서할게. 하지만 나한테 더 잘해야 한다."

7. 용서를 하려고 노력했는데도 여전히 찝찝하다면 당분간 용서하는
   대신 그 일을 가슴에 묻어둔다. 용서 때문에 내가 더 상처받는 건
   나쁘다. 그러니 내킬 때까지 용서를 보류한다.

Chapter 5

또 만나고 싶은 사람으로
기억되는 법

진심으로 다가가야
관계의 문이 열린다

최근 아이가 초등학교에 입학하면서 진영 씨는 같은 반 학부모들과 가까워졌다. 무리해서 엄마들의 브런치 모임에도 나갔다. 사실 속 편히 나갈 형편이 못 되었지만, 하나뿐인 딸이 조금이라도 학교생활을 잘했으면 하는 바람에 월차를 내고 나간 것이었다.

그런데 함께 브런치를 먹으며 수다를 떨고 나니 바로 헤어지는 분위기였다. 멤버 중 절반이 아이를 픽업하러 간다고 했다. 월차까지 낸 진영 씨로서는 허무했지만 그녀들은 자신들끼리 언제든 또 만날 수 있었으니까.

그 후에도 모임은 잦았다. 새 멤버가 하나둘 더 들어오고, 브런치 모임 규모도 커졌다. 진영 씨도 두어 번 더 참석했다. 몇몇 엄마와는 제법 가까워졌다는 생각도 들었다. 하지만 얼마 후 속상한 일이 생기고 말았다. 진영 씨만 빼고 모여서 맛있는 식사를 했다는 것이다. 직장에 다니는 엄마가 한 명 더 있었는데 그녀는 부르고 진영 씨는 부르지 않았다. 생각할수록 섭섭했다.

알고 보니 진영 씨에게 연락하지 말라고 두세 명이 은근히 압력을 넣었다고 했다. 재미가 없다는 이유에서였다. 진영 씨가 하는 직장 이야기나 사회 돌아가는 이야기 같은 건 별로 듣고 싶지 않다는 것이었다.

진영 씨는 가슴이 철렁했다. 인생을 잘못 산 것 같았다. 그런데 그녀 인생에는 이런 일이 한두 번이 아니었다. 무리에서 따돌림을 당하는 일이 잦았다. 일만큼은 똑 부러지게 하고 직장에서 좋은 평가를 받았지만 사적인 만남에는 영 자신이 없었다.

다른 엄마들을 보면 사귄 지 한 달도 안 되었는데 절친이 되어 매일 만나기도 하는 것 같았다. 진영 씨로서는 납득이 가지 않는 일이었다.

진영 씨는 딸 봄이의 미술치료를 위해 나를 만났다. 세 번째 시간에 지나가는 이야기로 정말 궁금하다며 어떻게 다들 그렇게 빨리 친해질 수 있는지 내게 물었다. 나는 책 몇 권을 권하며 친밀함을 형성하는 공감적 대화에 대해 알려주었다.

대화에는 사람 사이를 멀어지게 하는 것도 있고, 가깝게 만드는 것도 있다.

"날씨 좋네요."
"저는 이런 날씨 싫어해요."

이런 대화라면 서로를 순식간에 멀어지게 할 것이다.

존 포웰John Powel 신부는 우리가 사람들과 나누는 대화를 5단계로 나누었다.

1단계는 상투적인 안부 묻기다.

"오늘 날씨가 무척 좋죠?"
"잘 지내시나요?"
"안녕하세요?"

해도 그만 안 해도 그만인 대화로 친해지는 데는 도움이 안 되지만, 하지 않으면 이상한 사람이 되고 말기 때문에 눈치껏 해야 하는 대화다.

2단계는 사실과 보고의 대화다.

"이번 주말에 축구 한일전이 있다고 하네요."

이런 대화는 약간의 흥미를 줄 수 있는 있고 3단계 대화로 나아가기도 하지만, 역시 친밀감을 형성하는 데는 그리 도움이 되지 않는다. 하지만 처음에는 서로를 탐색하기 위해 이런 대화를 주고받는 과정을 거치게 마련이다.

3단계는 단순한 정보 교환이 아니라 자기 생각을 더하는 것이다.

"어제 있었던 그 사건 참 끔찍하죠?"

이때부터 서서히 친밀감이 형성되기 시작한다. 상대가 그 사건을 어떻게 느끼는지 살피며 됨됨이나 성향을 파악하는 것이다.

4단계는 감정을 드러내는 대화다.

"저는 요즘 그 일 때문에 스트레스를 많이 받아요."

포웰은 5단계 대화를 '가슴의 대화'라고 칭한다. 상대에게 마음을 열고 어느 정도 친밀한 관계가 형성되었을 때 가능한 대화인 까닭이다. 이 단계부터 서로 위로와 공감, 감정이입, 동일시, 격려와 칭찬 같은 긍정적인 감정 교류가 오가게 된다.

이때는 이렇게 답하는 것이 정답이다.

"그러시군요. 어쩐지 힘든 기색이 느껴졌어요. 실은 저도 최근 몇 가지 고민이 생겼답니다. 제일 걱정스러운 일은 아이 진로예요."

이런 감정적 소통은 피상적인 관계에서 친밀한 관계로 나아가는 지름길이다. 양도 중요하고 질도 중요하다. 아무리 오래된 사이라도 이런 감정적 소통이 부족하다면 서로 거리감을 느끼는 사이로 남게 된다.

친밀한 관계는 4단계와 5단계 대화를 통해 만들어진다. 진영 씨는 이런 대화를 해본 적이 별로 없다고 했다. 그녀에게는 늘 관계보다 공부가 먼저였고 인정받는 것이 중요했으며 입시와 취직이 우선이었다. 사실 남편과도 깊은 대화가 쉽지 않아 신혼 시절 많이 싸웠다고 했다.

진영 씨는 용기를 내어 딸아이가 좋아하는 친구의 엄마에게 전화를 걸어 아이들과 함께 놀이공원에 가자고 제안했다. 몇 주 후 진영 씨는 그 엄마와 가까워졌다며 활짝 웃었다.

사과의 기회는
섬광처럼 사라진다

인간관계에서 칭찬보다 중요한 것이 사과다. 잘못했다면 지체 말고 사과해야 한다. 상대의 나쁜 감정이 조금이라도 더 커지기 전에 말이다. 사과의 기회는 빛처럼 사라지는 경우가 많다.

나같이 어수룩한 사람도 제대로 사과하지 않는 사람은 질색이다. 예전에 한 사람과 완전히 관계를 끊은 적이 있다. 그는 내게 심한 말실수를 했다. 내가 가려는 길이 자폐적이라는 둥 회피라는 둥 함부로 단정하고 폄하했다. 술자리에서 들은 그 말에 나는 몹시 마음이 상했다.

그런데 10년 가까이 알고 지낸 터라 그를 내치기가 쉽지 않았다. 옆에서 이를 모두 지켜본 친한 선배가 망치로 머리를 치는 듯한 충고를 했다.

"몇 번 더 당하고 헤어질래? 지금 헤어질래?"

몹시 심약한 성미였을 때라 조금 더 고민은 했지만 결국 선배의 조언을 따랐다. 그 뒤 연락을 끊고 얼굴도 보지 않는 사이가 되었다.

번호를 어떻게 알아냈는지 얼마 전 그가 문자 메시지를 보내왔다. 어떤 일을 도와줄 수 없냐고 부탁하는 내용이었다. 나는 전화번호를 지우지 않았다. 이름 대신 '받지 마'로 저장해두었다. 실수로 전화를 받을까 봐 그렇게 해둔 것이다.

사과 타이밍을 놓쳐서는 안 된다. 그렇게 하지 못해 아까운 사람, 귀한 기회를 놓친 경험이 얼마나 많았던가?

내 실수로 피해를 입거나 기분이 상한 상대가 바라는 것은 언제나 진심 어린 사과다. 상대를 얕잡아보고 진정성 없이 사과했다가는 안 한 것만 못하게 된다. 그러니 함부로 "미안해" "용서해줘"라고 내뱉지 마라. 여러 번 건성으로 사과하는 것보다는 딱 한 번 진심을 담아 사과하는 편이 낫다. 그런데 우리가 정말 못하는 것 중 하나가 바로 사과다. 우리는 이때껏 능숙하게 사과하는 법을 배워본 적이 없다. 그래서 미안한 마음은 굴뚝같은데도 올바르게 사과하지 못한다. 결국 미안한 줄도 모르는 파렴치한 취급을 당하고 만다.

우리 인간은 자신만의 공식으로 손익을 따진다. 그 손익 계산 중 맞는 것은 거의 없다. 손해나는 일을 이익이 난다고 착각하고, 이익이 나는 일인데도 손해라고 단정하기 일쑤다. 사과를 머뭇거리는 사람은 삶의 손익을 제대로 계산하지 못하는 사람이다.

직무 스트레스로 힘들었던 연수 씨는 내게 상담을 받으며 인간관계에 관한 조언을 듣고 싶어 했다. 특히 매일 만나야 하는 상사 두세 명에 대한 불만과 스트레스가 상담 내용의 주를 이루었다. 내가 알려준 대화 기법들이 그들에게는 통하지 않는다고 분통을 터뜨렸다.

그런데 연수 씨와의 상담에서 가장 기억에 남는 내용은 사과와 관련된 것이다. 연수 씨는 친구가 거의 없었다. 대학 시절 고시 공부를 한다고 겉도는 바람에 동기나 선후배와 친해질 기회를 잃고 말았다. 상담 당시 연수 씨는 몹시 외로운 상태였다. 불러내 이야기를 나눌 만한 친구가 하나도 없었다.

전에 다녔던 직장에서 친구가 한 명 생길 뻔한 일이 있기는 했다. 말이 잘 통해, 함께 연수를 가서는 10시간쯤 내리 이야기를 나눈 적도 있었다.

그런데 연수 씨가 큰 실수를 하고 말았다. 그녀로 하여금 시말서를 쓰게 만든 일이었고, 연수 씨는 사과하고 싶었다. 하지만 용기를 내지 못해 타이밍을 놓치고 말았다. 그리고 그녀가 다른 직원에게 연수 씨가 사과 한마디 없더라고 불평했다는 걸 알았다. 그 뒤로 그녀와는 퇴사할 때까지 사적 접촉이 일절 없었다. 다만 마지막 순간에 연수 씨는 그녀에게서 작은 퇴사 선물을 받았다. 왈칵 눈물이 쏟아졌다.

상담을 하다 보면 우물쭈물하다가 사과할 기회를 놓쳐 고민인 내담자들을 종종 만난다. 그럴 때마다 나는 어서 사과하도록 독려한다. 생각보다 좋은 결과로 돌아올 때가 많다. 너무 늦었다고 생각했지만 사과를 했더니 오해를 풀고 관계를 회복했다는 이야기를 자주 듣는다.

연수 씨에게는 사과를 하지 못해 헤어진 또 다른 친구가 있었다. 대학 동기였는데 상담 중 그 친구의 연락처를 알게 되어 다시 만날 수 있었고, 연수 씨는 진심 어린 사과를 했다. 예전의 관계로 다시 돌아갈 수는 없었지만 늦게나마 사과할 수 있어서 마음이 무척 편해졌다고 했다. 이런 이유 때문이라도 우리는 사과할 용기를 내야 하고 제대로 사과해야 한다.

진심을 담아 제대로 사과하는 법 ─────────

사과에 대해 연구한 김호 박사에 따르면, 제대로 된 사과 방법은 다음과 같다.

1. 사과할 때는 상대방에게 불편, 고통, 피해를 주어 미안하다는 표현을 구체적으로 해야 한다.
   "지난번 제 실수 때문에 일이 잘못되어 정말 미안합니다. 저 때문에 마음고생이 많았죠."

2. 자신의 책임을 인정해야 한다.
   "제 잘못입니다.""제 책임입니다."

3. 치유와 보상의 방법을 말해야 한다.
   "부족하겠지만, 이러저러한 방식으로 갚겠습니다."

4. 상황을 충분히 인식하고 있음을 알려야 한다.
   "제가 저지른 실수 때문에 어떠어떠한 일들이 벌어지고 있는지 잘 알고 있습니다."

5. 충분한 해명도 해야 한다. 이는 변명과는 다르다.

"제 책임이 분명하지만, 제가 그런 실수를 저지를 수밖에 없었던 이유는 이러저러한 것들입니다."

6. 앞으로의 대책을 언급할 수도 있다.
"앞으로는 같은 실수를 범하지 않도록 이러저러한 것들을 조심하겠습니다.""이런 것들을 하겠습니다."

이건 내 경험인데, 이메일을 보내거나 손편지를 써서 사과하면 대개 효과가 더 좋았다.

정말 더 손해 보는
사람이 성공할까

남을 착취하고, 심리조종을 할 때 비로소 존재감을 느끼는 사람들만 성공하게 된다면 우리 사회는 어떻게 될까? 그러나 기쁜 소식이 있다. 베푸는 사람이 더 크게 성공한다. 심리학자 애덤 그랜트Adam Grant는 사람의 유형을 세 가지로 나누었다. 바로 많이 주는 '기버giver'와 준 것보다 더 받기를 바라는 '테이커taker', 받은 만큼만 돌려주는 '매처matcher'다. 테이커는 타인을 착취하는 사람이고, 매처는 똑같이 주고받기 위해 신경 쓰는 사람이며, 기버는 이타적인 행동을 하는 선한 사람이다.

기버를 다시 두 부류로 나뉜다. 한없이 베풀다가 녹초가 되고 마는 '자기가 없는 기버selfless giver'와 자신의 욕구와 타인의 요구 사이에서 조화와 균형을 찾는 '성공한 기버^{otherish giver}'다. 늘 누군가의 호구가 되고 마는 '자기가 없는 기버'와 달리 '성공한 기버'는 타인에게 선행을 베풀지만, 자신의 이익과 성공에도 철저히 신경을 쓰는 사람이다.

실제로 최고의 명성을 얻은 CEO나 명사 가운데는 테이커나 매처보다 기버의 수가 더 많다. 그들이 성공할 수 있는 원동력은 좋은 평판이었다. 테이커나 매처는 위로 올라갈수록, 연차가 오래될수록 도태될 가능성이 커지지만 기버는 점점 더 많은 옹호자를 끌어모으면서 승승장구한다.

내 친구들만 봐도 그렇다. 결국 끝까지 남은 친구들은 기버 그룹이다. 테이커나 매처는 몇 년 안에 모임에서 제거된다. 바보들의 모임이 아니라면 그런 구성원을 가만 놔둘 리 없다. 언젠가는 작전을 벌여 축출해낸다. 착한 사람이 화가 나면 더 무서운 법이다.

우리에게는 기버들의 아름다운 세상을 만들 의무가 있다. 그러기를 원한다면 다음과 같은 몇 가지 원칙을 잘 기억하기 바란다.

1~2년쯤 지낸 사이라면 그 사람이 어떤 유형인지 알 것이다. 친구들 사이라면 기버들의 동맹이 중요하다. 좋은 사람들끼리 연대하라. 그리고 보기 싫은 테이커를 힘을 합쳐 축출하기 바란다. 그럴 때는 기버들 특유의 동정이나 연민을 잠시 접어두어도 좋다.

내가 테이커라면 조심하라. 어느 날 쥐도 새도 모르게 공동체에서 밀려날 수 있다. 나는 여러 번 그런 경우를 봐왔다. 일이 나고 후회해봤자 소용없다. 내가 타고난 얌체가 아닌지 항상 반성하며 조금 더 선심을 쓰려고 노력하라. 그렇게 해도 상대들에게는 한참 모자라 보일 수 있다.

테이커가 항상 우위에 있는 것 같지만 결국은 기버들이 승리한다. 당신이 타고난 기버라면 본성을 속이면서까지 테이커나 매처가 되려고 하지 마라. 쓸데없이 내적 갈등만 커진다. 베풀되 조금 더 똑똑하게 베풀면 된다. 똑똑한 기버는 자기가 줄 수 있는 한계를 잘 아는 사람이다. 자신의 시간이나 에너지를 무한정 희생해 테이커의 뱃속을 불리지 않는다.

누구에게 선의를 베풀고 있는지 분명하게 식별하라. 상대가 기버라면 언젠가 그것은 더 크게 되돌아온다. 상대가 매처라면 준 만큼은 받을 수 있다. 상대가 테이커라 해도 한두 번 선심 쓰는 것은 그리 나쁜 일이 아니다. 적선한 셈 치면 그만이니 주고 난 뒤에 속만 끓이지 않으면 된다.

인간관계에 숨겨진
왕도는 없다

   "인간관계가 너무 힘들어요. 어디서나 통할 인간관계 비법을 알려주세요."

"무슨 책을 보면 사람들 속을 훤히 꿰뚫어 볼 수 있을까요?"

"마음을 다치지 않으면서 사람을 만날 방법은 없는 건가요?"

그런 게 있을까? 사람을 만나면서 상처받지 않을 수는 없다. 세상에 자존심 구기지 않으면서 인간관계를 하는 사람이 몇이나 될까? 상대의 말에 한 번도 상처받지 않은 사람이 있을까?

인간관계는 누구나 어렵다. 왕도 같은 것이 없다. 다만 인간은 감정적이라는 진실만은 깊이 새길 필요가 있다.

호텔 청소부들에 관한 재미있는 실험이 있다. 이 청소부들에게는 약간의 건강 문제가 있었는데, 한 그룹에게는 아무 정보도 주지 않고 다른 한 그룹에는 시트 갈기나 화장실 청소가 칼로리 소모를 도와 운동 효과가 있다는 정보를 귀띔했다. 몇 주 후 두 그룹의 체중 변화와 건강 상태를 비교했다.

　짐작대로다. 청소가 건강에 도움이 된다는 정보를 들은 쪽은 그렇지 않은 쪽에 비해 혈압이나 콜레스테롤 수치가 호전되었고, 체중이 1킬로그램이나 줄었다. 자신이 하는 일을 좀 더 긍정적으로 생각하게 되었고, 일할 때 즐겁고 기분이 좋아졌던 것이 좋은 결과를 가져온 것이다.

　상담을 하며 이와 꼭 같은 경우를 만난 적이 있다. 공교롭게도 거의 같은 시기에 상담을 했던 삼십 대 초반 여성 두 명은 같은 회사에 다니고 있었다. 나이도 거의 차이가 나지 않았고, 하는 일도 특별한 차이가 느껴지지 않았다. 그런데 지금 하는 일에 대한 둘의 마음은 달라도 너무 달랐다. 한 사람은 당장이라도 일을 그만두고 싶어 했고, 다른 한 사람은 일에서만큼은 너무 만족스러워 다른 고민이 모두 덮일 정도였다.

　그 두 여성 중에 혜인 씨는 별다른 고민 없이 대학과 학과를 택했고, 남들 하는 것처럼 열심히 취업 준비를 해서 직장에 들어왔다.

신입 시절 아무것도 몰라 적응하기 바빴던 때는 일이 재미있고 열정을 느낀 적도 있었다. 그런데 갈수록 지금 일이 자신의 길이 아니라는 생각이 들었고, 진로에 대한 고민이 깊어졌다. 혜인 씨는 심리상담가가 되고 싶어 했다. 그래서 적성검사도 하고 진로상담도 했지만 지금 일이 딱히 적성과 어긋나는 것은 아니었다.

사실 그녀가 회사생활이 힘든 진짜 이유는 까다로운 성격과 힘겨운 대인관계에 있었다. 직장에서의 인간관계는 물론이고 사적인 인간관계, 남자친구 문제까지 그녀에게 사람과의 관계는 항상 풀기 힘든 숙제였다. 특히 2년을 사귄 남자친구와의 결혼 때문에 고민이 많았다.

"심리상담은 혜인 씨가 지금 맺고 있는 인간관계보다 몇 곱절은 더 힘든 일일 수도 있어요."

이 말이 몇 년 동안 간직했던 그녀의 꿈을 접게 했다. 이제는 모든 걸 끝내고 죽고 싶다고 말하는 사람이 매주 나를 찾아온다면 어떻겠냐는 질문에 그녀는 무척 당황하며 미처 그것까지 생각하지 못했다고 말했다.

어떤 일이나 힘들고 어려운 점이 있다. 반대로 어떤 일이나 힘을 주고 만족감을 주는 부분이 있다. 호텔 청소부라는 직업이 적성에 딱 맞을 사람이 세상에 얼마나 되겠는가? 나는 혜인 씨에게 자신이 이미 가진 것에 감사하는 마음을 갖는 것이 중요하다는 조언을 했고, 인간관계가 편해지는 방법들도 알려주었다. 특히 일에 대해 찬찬히 생각해본 것이 큰 도움이 되었다.

내가 소개한 책들을 읽으며 혜인 씨는 자기 일에 대해, 인생에서 일의 의미에 대해 생각해볼 기회를 가졌다. 아무 희망이 없다고 하던 혜인 씨의 직장생활에도 차츰 무지개가 드리웠다. 그러면서 남자친구와의 관계도 일대 변화가 생겼고, 부정적이기만 했던 결혼에 대해서도 진지하게 고려하기 시작했다.

기분 좋은 사람으로
기억되게 해주는 대화법

듣고 나면 하루 종일 기분 좋은 말이 있고, 다른 사람들끼리 하는 말을 어쩌다 엿들은 것인데도 내내 마음이 상하는 말도 있다. 우리는 기분이 좋아지는 말을 듣고 싶고 또 하고 싶다. 하지만 정작 누군가에게 그런 말을 하려고 할 때 적절한 표현이나 멋진 문구가 생각이 나질 않는다. 그런 한계를 극복하기 위해 좋은 글귀를 메모해두거나 암기하는 이들도 많다.

미국의 방송인 오프라 윈프리도 그런 사람 중 하나다. 윈프리는 제시 잭슨 목사가 했던 말 덕분에 인생에서 매번 큰 용기를 낼 수 있었다.

"두각을 나타내면 인종차별과 성차별에서 자유로워질 수 있습니다. 그러니 탁월해지려 노력하세요."

고등학생 시절, 교회 모임에서 이 말을 처음 접하고 가슴 깊이 새겼다. 그녀는 이후 좋은 글귀를 만나면 항상 메모하고 마음에 새겼다. 내가 아끼는 책 가운데 하나가 O. 윈프리 매거진에서 낸 『내게 힘을 주는 말들』이다. 나는 이 책에서 상처받고 가난했던 흑인 여자아이가 미국에서 가장 사랑받는 방송인으로 성장할 수 있었던 비밀을 엿볼 수 있었다.

나도 좋은 글귀를 만나면 귀한 보석을 만난 것처럼 마음이 설레고, 적어두고, 암송한다. "세상 뭐 그렇게 복잡하게 사나? 생각나는 대로 말하면 되는 거지, 그런 작위적인 노력은 하지 않겠어" 하는 사람도 있을 것이다. 하지만 생각해보라. 당신이 놓쳤던, 당신을 떠났던 많은 사람이 어쩌면 생각나는 대로 내뱉은 그 말에 상처 입거나 싫증을 느껴 그랬던 것인지도 모른다. 당신이 그 사람을 채워줄 값진 말을 하지 못하는 사람이었기 때문인지도 모른다.

정현종의 시 「모든 순간이 꽃봉오리인 것을」은 교과서에 오랫동안 실렸다. 이 시의 화자는 '나는 가끔 후회한다. 그때 그 일이 노다지였을지도 모르는데. 그때 그 사람이 그때 그 물건이 노다지였을

지도 모르는데'라며 지난날 소중한 것을 알아보지 못한 자신을 책 망하고 있다.

좋은 말을 배우고 익혀야 하는 이유는 그렇게 말하지 않는다면 놓칠 인연이 너무 많기 때문이다. 일상의 언어가 있다면, 일상의 언어를 초월하는 초월적 언어, 영성적 언어가 있다. 세상에는 정말 내게 힘을 주는 멋진 말들이 있다. 때로는 그 한 문장으로 인생을 버티는 사람도 있다.

나는 말 한마디 때문에 소중한 인연을 잃어버린 사람들을 많이 안다. 상담실을 찾는 사람들 가운데 반 이상은 이 경우에 해당한다. 또 말 한마디 때문에 그 말을 한 이와 평생을 함께하는 사람도 알고 있다. 연경 씨도 말 한마디 때문에 평생의 친구를 얻은 사람 가운데 하나다.

몇 년 전 지방의 한 도서관에서 진행한 연속 강연 때문에 한 달 가까이 그곳을 찾았던 적이 있다. 사서 한 분이 내 책을 읽고 초청한 것인데 갈 때마다 그곳 사서인 연경 씨와 20~30분간 이야기를 나눴다. 어쩌다 우리는 친구에 관해 이야기를 했다. 나의 베스트 프렌드는 여성이라고 했더니 놀라는 눈치였다.

연경 씨도 베스트 프렌드에 대해 이야기했다. 고등학교 같은 반 친구였다. 친구의 집안 사정이 무척 어려웠던 때 연경 씨는 "이 또

한 지나가리라"라는 말을 친구에게 해주었다. 연경 씨도 이 말을 안지 얼마 되지 않았을 때였고, 좋은 글귀라 마음에 새겨두었는데 마침 그 말을 꼭 써야 할 때가 생긴 것이다. 친구는 이 말을 평생 간직하게 되었고 연경 씨와는 가장 친한 친구가 되었다.

> "거대한 슬픔이 노도의 강처럼 평화를 파괴하는 힘으로 그대의
> 삶에 쳐들어오고 소중한 것들이 눈앞에서 영원히 사라져 갈 때
> 매 힘든 순간마다 그대의 마음에 말하라. '이 또한 지나가리라.'"
> ―랜터 윌슨 스미스 Lanta Wilson Smith

나 역시 평생 간직하게 된 글귀가 하나 있다. 서른 즈음 내가 다니던 대학원의 학내 사태로 인해 쫓겨나는 신세가 되었을 때, 그 아픈 시절을 보내면서 나는 『대학大學』에 나오는 "구일신苟日新 일일신日日新 우일신又日新"이라는 말을 심장에 새겼다. 마음을 잡기 위해 좋은 말들을 찾아 헤매던 때였다.

"진실로 새로워지길 바란다면 날마다 새로워야 하고 또 새로워야 한다."

우리는 좋은 말들을 모두 알 수가 없다. 죽을 때까지 틈틈이 아

름다운 문장을 배워도 그 모두를 만날 수는 없다. 얼마 전에는 어떤 TV 방송에서 이런 글귀를 보았다.

> "여기 있다. 여기가 우리의 고향이다. 이곳이 우리다. 우리가 사랑하는 모든 이들, 우리가 알고 있는 모든 사람들, 당신이 들어봤을 모든 사람들, 예전에 있었던 모든 사람들이 이곳에서 삶을 누렸다."
>
> ―칼 세이건, 『창백한 푸른 점』

『코스모스』의 작가 칼 세이건은 명왕성까지 날아간 보이저 1호가 찍은 지구 사진을 보며 이렇게 적었다. 인간이 사랑으로 서로를 만나야 하는 진짜 이유를 알려주는 글귀다. 예전에 나도 『창백한 푸른 점』을 읽은 적이 있는데, 이 멋진 글귀를 놓치고 말았다. 그래서 좋은 글귀가 나올 때마다 메모하는 습관이 중요하다. 가슴에 간직하고 되새기기 위해서 말이다.

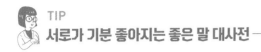

TIP
서로가 기분 좋아지는 좋은 말 대사전 ──────

나는 몹시 비관적인 사람들을 자주 만난다. 심한 우울증의 주된 특징은 깊은 비관성이다. 그들에게 자주 보여주는 단어 목록이 있다.

행복하다, 따뜻하다, 감격하다, 낙관하다, 낙천적이다, 활기차다, 황홀하다, 훌륭하다, 흡족하다, 감동하다, 감사하다, 감탄하다, 고맙다, 관심 갖다, 기뻐하다, 만족스럽다, 멋지다, 명랑하다, 반갑다, 사랑스럽다, 상냥하다, 생기 넘치다, 신뢰하다, 평온하다, 평정심, 열정적이다, 흡족하다, 용기를 얻다, 유쾌하다, 즐겁다, 충족감, 친근하다, 침착하다, 쾌활하다, 편안하다, 평온하다, 평화롭다, 행복하다, 환희, 활기차다, 희망적이다, 희열감, 자신만만하다, 자신감, 애정…….

목록을 보여주면 자신이 거의 쓰지 않는 단어라고 말한다. 나는 그들에게 이 단어들을 사용해 문장을 완성해보라고 주문한다. 비관성이 깊은 사람일수록 잘 해내질 못한다. 비관주의 안에는 없는 단어들이기 때문이다.

당신은 어떤가? 이런 단어들을 자주 쓰는가? 또 멋진 표현을 알고 있는가? 가령 '희망'이라는 단어를 떠올리면 나에게 얼른 생각나는 명언이 있다.

"어떤 비관론자도 별의 비밀을 발견하거나, 미지의 섬으로 항해하거나, 인간 정신의 새로운 낙원을 연 적이 없다."

헬렌 켈러가 했던 말이다. 켈러는 장애 덕분에 자기 자신을 더 잘 알게 되었다고 말했다. 심지어 자신의 장애를 사랑한다고 했다. 그녀는 눈과 목소리를 갖지 못했지만, 우리가 따라가기 힘든 영혼을 가졌을 것이다. 그의 언어가 영적이며 맑은 것도 그 때문이다.
이 명언 그대로를 누군가에게 들려주기는 쉽지 않을 것이다. 조금 가공해서 자기만의 언어로 표현하는 것이 더 적절한 대화 상황이 많을 것이다. 가령 친구에게 이렇게 말할 수 있다.

"나쁘게만 생각하면 열릴 길도 닫혀버리고 말아."

철학자 비트겐슈타인은 "내 언어의 한계는 내 세계의 한계다"라고 했다. 이렇게 좋은 단어, 좋은 문장이 나를 키우고 나를 만든다. 귀한 사람에게 내가 알게 된 좋은 말을 알려준다면 그의 성장도 도울 수 있다.
어떻게 하면 좋은 말을 더 많이 알 수 있을까?
내가 가장 많이 썼던 방법은 『내게 힘을 주는 말들』 같은 명언집을 활용하는 것이다. 많은 양의 명언을 수집한 『라루스 세계 명언 대사전』은 내게 황금광 같은 책이다.

학창 시절에는 좋은 글귀를 만나면 수첩에 잘 적어두고 다 외울 때까지 암송하곤 했다. 최근에는 명언 하나를 적어놓고 찬찬히 음미하는 방법을 더 좋아한다. 명언 열 개에 커피 한 잔 정도면 딱 적당하다.

상대의 마음을 얻는
공감의 기술

요양보호사들을 대상으로 힐링 프로그램을 진행한 적이 있다. 일하면서 쌓인 스트레스를 풀고 직원 간의 화합과 소통을 돕는 것이 프로그램의 목표였다. 가벼운 생각으로 찾았지만, 심리적 어려움을 호소하는 분이 의외로 많았다. 치매나 뇌졸중 환자처럼 상대하기 어려운 사람들 곁에서 장시간 고된 육체노동을 해야 하니 대다수가 높은 직무 스트레스를 받고 있었다.

가령 치매 노인을 간병하다가 폭행을 당해보지 않은 분이 없었다. 거동이 불편한 환자들을 옮기느라 허리 디스크에 걸린 분도 있었다. 간이 심리검사를 해보니 전에 만난 콜센터 직원이나 집배원들보다 스트레스 수치가 높았다.

처음 한 시간은 내가 행복한 삶에 관해 강연을 했고, 그다음에는 함께 간 미술치료사가 앞날의 희망에 대해 그림을 그려보는 미술치료를 했다. 마지막 시간에는 간단한 글쓰기를 했다. 일하며 생긴 언짢은 마음을 글쓰기로 털어내는 것이었다. 이 과정에서 고충을 털어놓고 해결책을 함께 고민하는 대화가 오갔다.

어떤 분은 힘들었던 개인사를 털어놓기도 했고 어떤 분은 경제적 가장으로서 고충이 크다며 눈물을 보였다. 하지만 일이 주는 스트레스에 대한 이야기가 제일 많았다. 짜증 나고 힘들 때가 빈번해 직원끼리 다툼이나 갈등이 생긴다고 했다. 오십 대 중반의 한 요양보호사는 일을 하다가 다퉈 마음이 상하면 화해하기가 쉽지 않은 것이 고민이라고 했다. 어떻게 하면 잘 화해하고, 서로 마음을 풀 수 있는지 물었다.

한참 이야기하던 그녀는 반대편 끝에 앉은 한 후배를 지목하며, 전에는 잘 지냈는데 크게 다툰 뒤로 외면하다시피 지내고 있어 속상하다고 했다. 그리고 화해하고 싶다고 했다. 후배는 얼굴이 벌겋게 달아올라 어쩔 줄 몰라 했다.

나는 다급하게 다음과 같이 조언했다.

"한국의 직장인 대부분이 그렇지만, 야근이다 잔업이다 해서 과로할 때가 많고 일이 주는 스트레스가 참 심하죠. 이렇게 스트레스가 심하면 함께 일하는 사람들에게 자기 안에 쌓인 나쁜 감정을 풀어버리게 돼요. 하지만 서로를 좀 더 챙겨주고 보살펴줄 수 있다면 동료 덕분에 업무 스트레스가 줄어든답니다."

나는 준비해 간 자료집을 나눠주며 대화 방법을 알려주었다. 심리학자 마셜 B. 로젠버그Marshall B. Rosenburg가 창안한 비폭력 대화는 우리 안의 선한 본성을 자극해 공감 능력을 키워주는 방법이다. 이 대화법을 통하면 인간관계는 한층 부드러워진다. 나는 다음과 같은 4단계로 대화를 진행해야 한다고 설명했다.

1단계는 관찰이다. 대화를 하고 있는 지금 두 사람 사이에 무슨 일이 일어나고 있는지, 상황을 주목하는 것이다. 상대의 언행을 있는 그대로 관찰하는 것도 포함된다.

"김 대리, 요즘 자네 일이 너무 많은 것 같아."

2단계는 느낌을 말하는 것이다. 상대에 대한 평가나 해석은 배제해야 한다. 비난이나 지적은 더욱 삼가야 한다.

"김 대리, 무척 피곤해 보여. 살도 많이 빠진 것 같고."

3단계는 나의 욕구를 솔직히 표현하는 것이다. 내가 원하는 것이 무엇인지 생각해보고 내가 방금 느낀 느낌과 연결해 말하는 것이다. 우리는 욕구를 숨기고 즉각적인 감정에만 치중할 때가 많다. 그러면 진심이 아니거나 본질을 흐리는 말이 튀어나온다.

상대로 인해 어떤 느낌이 드는 듯하지만 마음 안에 크게 자리하고 있는 것은 나의 욕구다. 가령 우리가 누군가를 비난하는 것은 우리의 욕구와 관련 있을 때가 많다. 어쩌면 우리는 우리 자신의 욕구를 외면한 채 상대의 잘못을 탓하는 것으로 일관하고 있는지도 모른다.

가령 "김 대리, 요즘 일 처리가 왜 이래?"라는 말속에 숨은 욕구는 "나는 김 대리가 일을 잘 처리했으면 좋겠어"이다.

자신의 욕구를 충족하기 위해 다른 사람을 비난하는 것은 아무 도움이 되지 않는다. 김 대리는 일을 잘 처리해야겠다고 결심하기보다는 '저 사람 싫다' 같은 부정적인 감정만 갖게 되기 때문이다.

매일 늦는 남편에게 화가 나면 이렇게 말하기 쉽다.

"당신은 가정에 전혀 관심이 없는 사람이야."

대신 이렇게 말해보자.

"여보, 나는 당신이 좀 일찍 들어와서 우리와 함께 저녁을 먹었으면 좋겠어."

살면서 자신의 욕구를 외면하도록 훈련받은 사람들은 욕구를 말하는 대신 상대를 비난한다. 그러니 자신의 감정에서 욕구를 발견하고 솔직히 말하는 것이 비폭력 대화에서 가장 중요하다.

비폭력 대화의 마지막 단계는 부탁이다. 자신의 욕구만 말하고 끝내면 상대는 어떻게 해야 할지 몰라 오히려 갈피를 못 잡을 수 있다. 내 욕구를 받아들일 수 있도록 정중한 부탁의 말로 바꾸는 것이 필요하다.

매일 늦는 남편에게 짜증을 내는 대신 "자기랑 같이 밥 먹고 산책하러 나가고 싶어. 오늘은 일찍 들어와"라고 말한다면 내 안의 진정한 욕구를 충족하기가 더 쉬울 것이다.

그런데 비폭력 대화가 나의 이익과 편리만을 위해 이용되어서는 안 된다.

"여보, 우리 집이 너무 지저분해."(관찰)

"여보, 집이 너무 지저분해서 짜증이 나."(느낌)

"여보, 나는 집이 좀 깨끗해졌으면 좋겠어."(욕구)

"여보, 집을 좀 청소해줘."(부탁)

비폭력 대화법에 따라 잘 말한 것 같지만, 매번 이런 식이라면 상대는 지치고 만다. 강요나 숙제로 느껴지고 정나미가 떨어진다. 이는 비폭력 대화의 취지에서 완전히 벗어난 것이다. 그러니 부탁의 말을 하더라도 "여보, 당신도 많이 피곤하지? 내가 다른 일은 다 할테니까 당신은 거실만 좀 청소해줄래?"라고 말하는 것이 현명하다.

비폭력 대화의 진짜 목표는 나의 이익을 추구하는 것이 아니라 공존이다. 내 이익이나 쾌락을 위해 설득하는 것이 아니라 공평하게 일을 나누고 힘든 일은 서로 도우며 평화롭게 살기 위해 소통을 지속하는 것이다.

"여보, 부장님이 나 피곤해 보인다고 일찍 퇴근하라고 해서 겨우 일찍 온 거야. 그런데 오늘 청소까지 해야 한다면 정말 힘들 것 같아. 그러니 오늘은 청소 대신 같이 영화 보면서 맥주나 한잔 마시면 안 될까?"

"안 돼, 나는 오늘 꼭 이 집이 깨끗해지는 걸 봐야 해. 그래서 당신이 집을 모두 치워줬으면 좋겠어."

남편의 말에 이렇게 응수한다면 비폭력 대화법을 따랐으되 아무 소용이 없다. 공감에 기초해서 서로의 욕구와 감정을 표현할 때 평화로운 공존, 화목한 동거가 가능해진다. 그러기 위해 가장 중요한 감정이 연민이다. 공감은 연민에서 시작된다. 나도 힘들지만 저 사람도 얼마나 힘들까 하는 마음이다.

'나도 살림하고 아기 보느라 힘들지만, 저이도 직장에서 온종일 일하느라 얼마나 힘들까? 정말 측은해.'

나는 오십 대 요양보호사에게 다음과 같은 순서에 맞춰 말해보라고 했다.

"나는 너와 멀어져서 너무 슬퍼."
"너하고 다시 가깝게 지내고 싶어."
"그러니 제발 마음을 돌려서 전처럼 친밀하게 대해줬으면 해."

그녀는 그렇게 말했고, 나는 부끄러워 어쩔 줄 모르는 두 사람을 불러내 꼭 끌어안게 해주었다.

좋은 대화는 항상 공감에서 시작한다. 공감하지 못하는 대화는 연설이나 설득이지 진정한 대화가 아니다. 그런데 우리가 유독 약한 것이 공감이다. 우리는 공감하기보다 내 주장을 관철하도록 배워왔다. 힘든 경쟁 사회에서 공감은 패배요 설득과 주장이 승리라는 생각이 팽배했다. 공감은 약한 사람들이나 하는 일이라고 생각했다.

하지만 지금은 공감의 시대다. '꼰대'들의 몰락이 사회 전방위에서 진행되고 있다.

대화의 기술을 물어오는 사람들이 무척 많다. 강연을 요청하는 곳에서도 청중이 원한다며 대화 기술을 알려달라고 부탁하곤 한다. 그럴 때마다 나는 대화 기술보다 공감 능력이 먼저라고 말한다. 우리 뇌에는 거울 뉴런을 비롯해 공감 뇌가 따로 존재한다. 공감 뇌역시 선천적으로 뛰어나거나 부족할 수 있지만, 후천적 학습을 통해 어느 정도 키울 수 있다고 알려져 있다.

21세기의 핵심이 공감 능력이라고 말하는 철학자 로먼 크르즈나릭Roman Krznaric은 20세기식 교육과 문화 탓에 현저히 낮아진 우리들의 공감 능력을 훈련하고 확장하는 방법을 연구하고 있다. 크르즈나릭은 공감 능력을 키우는 6가지 원칙을 다음과 같이 제시한다.

첫째, 공감 능력은 인간성의 핵심이며 평생에 걸쳐 성장한다는 것을 믿고 두뇌의 공감 회로를 작동시킨다.

둘째, 매사를 타인의 관점에서 생각해본다. 타인에는 아군뿐만 아니라 적군도 포함된다.

셋째, 공감 능력을 기를 수 있는 새로운 일에 도전한다. 그동안의 삶과 문화에 상반되는 것들을 체험한다.

넷째, 낯선 사람들에 대한 호기심, 철저하게 듣는 습관, 감정을 가린 가면을 벗어던지는 습관을 키운다.

다섯째, 예술작품 등을 통해 타인의 마음을 읽는 연습을 한다. 미술, 문학, 영화, SNS 등을 통해 다른 사람의 마음속으로 여행을 떠나본다.

여섯째, 주변에 변화의 바람을 불어넣는다. 대규모의 공감을 이끌어내 사회의 변화를 만들어내고, 나아가 자연계까지 공감의 폭을 넓힌다. 이타적인 활동에 참여한다.

모든 관계는
말투에서 시작된다

 여기 두 가지 종류의 글이 있다.

"게임 내에서 계정 도용 등의 피해로부터 아이템을 보호하기 위해 봉인 주문서를 이용할 수 있습니다. 봉인 해제 주문서는 아이템의 '봉인' 상태를 해제할 수 있는 주문서로, 홈페이지에서 신청하면 게임에서 받아볼 수 있습니다."

—온라인 게임 리니지 「봉인 해제 주문서」

"그대가 젊다는 걸 잊지 말게나. 젊다는, 그 축복 말일세. 그것에 기뻐하며 살아야 하네. 있는 힘껏 살아가게나. 그러지 않는

건 잘못이야. 살 인생이 있다면 특별히 무얼 하든 문제가 되지
않는다네. 자기 인생을 가져보지 못했다면 도대체 무엇을 가졌
다고 하겠나?"

−소설가 헨리 제임스, 『대사들』

한쪽은 감정이 배제된 글이고 다른 한쪽은 감정을 불러일으키는
글이다. 거의 같은 분량의 글이지만 읽는 시간마저 차이가 난다. 첫
번째 글이 초고속으로 머릿속에 정리되었다면 두 번째 글은 읽고
난 후에 한참 동안 그 여운이 많은 생각과 감정이 가슴속에 소용돌
이 친다.

우리는 첫 번째 글처럼 말할 수도 있고 두 번째 글처럼 말할 수도
있다. 물론 건조한 도시의 삶은 우리에게 첫 번째 글 같은 말을 더
자주 하게 만든다. 도시란 원치 않아도 감정 불능의 대화를 할 수밖
에 없는 곳이다.

의도적으로 감정을 차단한 대화로 일관하는 사람도 많다. 자신
의 말이나 몸짓에서 감정을 배제하려고 애쓰고 "저는 잘 모르겠습
니다" 같은 말로 자신을 방어한다.

내가 아끼는 그림책 『마음이 아플까 봐』에는 심장을 다친 젊은 여
성이 등장한다. 어린 시절 마음을 다친 이후 그녀는 더 이상 아픈

감정을 느끼기 싫어 심장을 빼놓고 살아간다.

충격적인 경험이나 힘겨운 삶은 때로 감정표현불능증alexithymia을 만든다. 심리학자 피터 시프너스Peter Sifneos가 처음 쓴 말로, 그리스어로 '영혼을 말하는 단어가 없다'는 뜻이다. 감정이 없는 게 아니라 표현을 못하는 것이다.

이런 사람들은 말로 표현하지 못해 내면에 쌓인 감정이 충동, 중독, 의존, 도피, 공격성 등으로 분출된다. 감정을 표현하지 못해 몸이 아프고 무언가에 중독되고 충동적인 행동을 벌인다.

분노조절장애가 있는 이를 상담한 적이 있다. 언어를 관찰해보니 역시 감정 표현이 거의 없었다. 그는 게임 중독이 무척 심각했다.

다음의 감정 능력을 알아보는 테스트로 감정 불능 정도를 파악해볼 수 있다.

- 상대방이 상처받지 않도록 말을 조심하는 편이다. ☐
- 거절해도 쉽게 포기하지 않고 다시 도전한다. ☐
- 다른 사람의 입장을 자주 생각한다. ☐
- 첫인상이나 말투로 상대를 판단하지 않는다. ☐
- 다른 사람의 행동이 마음에 들지 않아도 지적하지 않는다. ☐
- 주위 사람이 나를 화나게 하면 바로 기분 나쁘다고 말한다. ☐
- 나 자신과 자주 대화한다. "그래, 잘했어." ☐

- 침착하고 차분한 편이다. ☐
- 주위 사람이 기분이 좋은지 나쁜지 잘 알아차리는 편이다. ☐
- 다른 사람이 나를 칭찬하든 비난하든 별로 신경 쓰지 않는다. ☐

5개 이상 해당한다면 안전하다. 7개 이상이라면 감성 지능이 높은 편이다. 그 이하라면 감정 능력에 문제가 있을 가능성이 높다. 감정을 밖으로 드러내는 것이 서툴 수 있다.

만약 감정 표현에 상당한 문제가 있다면 꼭 해결해야 한다. 대단히 심각한 사안이기 때문이다. 정신건강을 좌우하는 가장 큰 요인 중 하나가 감정 능력이다. 좋은 인간관계를 위해서가 아니라 내 정신 건강을 위해서 감정 불능은 개선해야 한다.

우선 솔직하게 감정을 표현하는 일에 도전해보자. 감정선이 있는 드라마를 더 많이 보고 명작 멜로영화를 섭렵하고 자주 시와 소설을 읽고 공적 만남보다는 사적 만남에 치중해야 한다.

무척 간단한 방법도 있다. 다음과 같은 단어들을 일상적으로 쓰는 연습을 하라.

기분 좋은, 기쁜, 흐뭇한, 짜릿한, 반가운, 끝내주는, 정다운, 그리운, 황홀한, 활기찬, 생생한, 든든한, 자신만만한, 충만한……

이런 감정어를 활용해 문장을 만들어보자.

"오늘 만 보를 걸었더니 훨씬 활기찬 기분이야."
"하늘이 맑고 깨끗해서 구름 위를 날아가는 기분이 들었어."

기분 좋은 문장을 자주 쓰고 봐야 한다. 수첩이나 메모지에 써놓고 반복해서 봐도 좋고 마음속으로 가끔 되뇌어도 좋다. 긍정적인 감정어의 양을 늘리는 것이 핵심이다. 감정적인 사람이 아니라 긍정적인 사람이 되어야 한다.

그런데 우리말 사전을 찾아보면 긍정적인 감정어보다 부정적인 감정어가 훨씬 더 많다. 슬픔을 나타내는 단어만 찾아봐도 무척 다양하다.

눈물겨운, 서운한, 처량한, 울적한, 허탈한, 애끓는, 애처로운, 외로운, 후회스러운, 울고 싶은, 북받치는, 쓸쓸한, 침울한, 낙담한, 참담한, 맥 빠지는, 애석한, 비참한, 풀이 죽은, 암담한, 절망적인, 무기력한, 막막한, 안타까운, 자포자기의, 죽고 싶은…….

언어심리학자들은 그만큼 한국인이 슬픔에 대한 감수성과 민감성이 높다고 말한다. 역사심리학자들은 고통스러운 역사와 함께 한국인의 무의식에 쌓인 부정감의 양이 어마어마하기 때문이라고 지적한다. 이는 한국인이 처한 공통적인 심리적 핸디캡으로 반드시 극복해야 한다.

물론 부정적인 감정 표현을 절대 해서는 안 된다는 뜻이 아니다. 슬픈데 슬프다고 말하지 못해서는 안 된다. 하지만 내 언어습관에서, 일상의 말들에서 부정적 감정어와 긍정적 감정어의 비율을 따져볼 필요가 있다. "아이, 씨" 같은 습관적인 말 역시 내 안에 쌓인 부정적 감정의 징후다.

부정적인 사람, 비관적인 사람, 불안한 사람은 감정이 흐르는 통로가 좁고 단순하다. 감정의 회로가 다채롭고 복잡하게 서로 이어져 있는 것이 아니라 몇 가지 회선만 사용하기에 정신건강에 해롭다. 그런 사람들은 나쁜 감정이 쉽게 쌓이고, 스트레스를 받으면 폭식하는 등 좋지 않은 방법을 취한다.

그렇다면 긍정과 부정의 감정 비율이 얼마쯤 되면 좋을까?

연구에 따르면, 긍정과 부정의 양이 3대 1일 때 가장 쾌적한 기분을 느낀다고 한다. 즉 한 번 기분이 나빴다면 세 번은 기분이 좋아야 밸런스가 유지된다.

일단 뉴스를 멀리하라. 뉴스는 부정적이고 불안한 이야기들로 가득하다. 매일 수십 가지의 나쁜 소식이 쏟아진다. 뉴스만이 문제가 아니다. 과장의 잔소리, 부장의 질책, 뜻밖에 떨어지는 업무 지시 등 일상에는 긍정적인 감정을 부정적 감정으로 뒤덮어버릴 핵폭탄이 널려 있다.

현실의 여러 가지 어려움, 경제적 어려움이나 진로 문제, 일에서의 불만족, 휴식 부족, 지나친 스트레스가 우리 마음을 어둡고 그늘지게 한다. 아무리 긍정적인 마음을 가지려 해도 삶이 우리의 발을 걸어 넘어뜨린다.

한 심리학자가 달라이 라마에게 물었다. 감당하기 힘든 고난 가운데도 어떻게 평정심을 유지할 수 있었는지 말이다.

"탐욕의 반대는 무욕이 아니라 만족입니다. 당신이 큰 만족감을 갖고 있다면, 어떤 것을 소유하는가는 문제가 안 됩니다. 어떤 경우에도 당신은 변함없이 만족할 수 있습니다."

달라이 라마 같은 성자의 가르침을 따르기가 힘들다면, 내가 고안한 심리적 기술을 따라 해보기 바란다. 긍정감을 의식적으로 늘려나가는 기술이다.

먼저 나를 슬프고 화나고 걱정하게 하는 일들을 빠짐없이 적고 10점 기준으로 각각 점수를 매겨본다. 부정적인 일의 개수와 각각의 점수를 곱한다. 이 점수가 오늘 당신의 부정적 감정의 총량이다.

이 점수를 3으로 곱해보자. 이것이 당신에게 필요한 긍정의 양이다.

당신이 기뻐할 만한 일, 행복할 만한 일, 의미와 가치를 느낄 수 있는 일들을 나열해보라. 그 일이 달성된다면 얼마나 즐거울지 10점 기준으로 표시해보자. 나열한 긍정의 요소들과 각 점수를 곱하라. 부정적 감정의 총점에 얼마나 못 미치는가? 혹은 넘어서는가? 모자란다면 긍정의 양을 늘릴 방법을 더 생각해보라.

이 방법을 쓰려면 감정을 온전히 알아차릴 수 있어야 한다. 오늘 기분이 나쁜데 왜 그런지 모르겠다면 곤란하다. 그럴 때는 바둑기사가 승부 과정을 한 수씩 복기하듯이 오늘 있었던 일과 그때의 감

부정적인 일	
1.	_____ 점
2.	_____ 점
3.	_____ 점
4.	_____ 점
5.	_____ 점
• 부정적 감정의 총량	
부정적인 일의 개수 x 각 점수	_____ 점
• 필요한 긍정적 감정	
부정적 감정의 총량 x 3	_____ 점

긍정적인 일	
1.	_____ 점
2.	_____ 점
3.	_____ 점
4.	_____ 점
5.	_____ 점
· 긍정적 감정의 총량	
긍정적인 일의 개수 x 각 점수	_____ 점

정을 떠올려보자.

"오늘 박 팀장이 웃기지도 않은 성적 농담을 해서 무척 불쾌했다"라고 적어보는 것이다. "나는 그 말에 무척 기분이 나빴다. 짜증이 나고 혐오감이 들었다"라고 좀 더 정확하게 짚어서 표현하면 도움이 된다.

영국의 비평가 존 러스킨John Ruskin은 말했다.

"햇빛은 달콤하고, 비는 상쾌하고, 바람은 시원하며, 눈은 기분을 들뜨게 만든다. 세상에 나쁜 날씨란 없다. 서로 다른 종류의 좋은 날씨만 있을 뿐이다."

진짜 관계를 맺으며
살아가고 싶은 당신에게

아이들은 서너 살 무렵부터 여러 명이 모인 곳에서 함께 어울리며 사회성을 키운다. 그럴 기회가 부족했거나 기질 자체가 내성적인 아이들은 사회성 발달이 지체되곤 한다. 그리고 그 문제는 어른이 되어서도 극복하기 어렵다.

나는 여러 이유로 스무 살 무렵까지 사회성이 부족했다. 그런데 내 사회성은 외부 환경에 의해 강제적으로 훈련될 수밖에 없었다. 내가 다니던 학과에는 독서모임이 많았는데, 몇 군데는 의무적으로 참여해야 했다. 많을 때는 대여섯 군데가 넘는 독서모임에 참여한 적도 있다.

자유롭게 의견을 나눠야 하는 독서모임은 나 같은 사람에게 감당하기 쉬운 곳이 아니었다. 여러 사람 앞에서 내 생각과 감정을 드러내는 것이 무척 고역이었기 때문이다. 하지만 여러 해가 지나면서 나는 적극적이고 열성적인 참가자가 되었다. 그때의 관계 연습이 인생을 살아가는데 큰 재산이 된 것이다.

하지만 삶이 어디 그리 만만하던가. 서른 무렵 끔찍한 학내 사태에 연루되며 내 사회성은 산산이 박살났다. 깊은 관계 상처 탓에 사람에 대한 믿음이 사라졌다. 심한 우울증과 함께 대인기피증이 찾아왔다. 그러나 마음을 다쳤다면 다시 치유하면 된다. 유진 오닐은 '인간은 부서진 채로 태어나고 수선하면서 살아간다'고 했다. 지금 나는 주변 사람들과 비교적 잘 지내고 있다. 깊은 관계 상처가 더 원숙한 관계 능력을 만들어준 것이다.

인생에서 우리는 아픈 일을 자주 겪는다. 그런데 아픈 일을 극복하는 훌륭한 프로세스가 있다. 우선 그 일 자체와 정면으로 만나는 '직면'이 필요하다. 그 일이 생긴 여러 이유들에 대해서 '통찰'한 후, 그 일을 온전히 받아들이는 '수용'을 해야 한다. 직면하지 않으면 회피하게 되고, 통찰하지 않으면 이해할 수 없으며, 수용하지 않으면 나쁜 마음이 가득해진다.

그리고 그 모든 것을 온전히 받아들였다면 그 다음에는 '좋은 마음'을 가져야 한다. 끝으로 가장 중요한 것이 그 상처를 '사랑'으로 극복하는 것이다. 사랑이 아니라면 어떤 상처도 온전히 치유되기는 어렵다.

이는 인간관계에도 적용된다. 우리는 사람을 만나고 사람과 관계 맺고, 때론 사람 때문에 아플 수밖에 없다. 인생에는 늘 상처 주는 관계들이 도사리고 있다. 안타깝게도 현재 내가 처한 인간관계가 사랑을 주는 관계보다 상처를 주는 관계들이 많을 수도 있다. 이 상황을 오래 놔둬서는 안 된다.

상처 주는 관계는 내 내면에 보이지 않는 상처를 쌓는다. 보이지 않으니 괜찮은 듯하지만 그렇지가 않다. 나쁜 관계가 오래 가면 정신적으로 탈진하고 만다. 신속한 대처가 필요하다.

나를 조금씩 무너트리는 관계가 있다면 용기를 내 과감하게 던져 버려라. 이 관계가 끝나면 큰 일 날 것처럼 느끼지만, 실상 지나면 별 것 아니다. 세상에 상처 주는 관계만큼 하찮은 것은 없다. 아니 위험한 것도 없다.

일에서도 마찬가지다. 대우도 좋고 봉급도 높은 직장이지만, 주변에 상처 주는 인간들이 잔뜩 있다면 어떻게 해야 할까?

외형에만 눈이 가서는 안 된다. 하루하루 깨지고 깎이는 내 정신도 살펴야 한다. 그리고 아무리 해도 고치기 어려운 관계라면 용기 있게 반품하라. 세상에는 내가 기분 좋게 일할 곳이 얼마든지 있다.

우리는 내게 좋은 마음이 생기게 하는 관계, 사랑을 느끼게 하는 사람들을 만나기 위해 노력해야 한다. 일이 좀 힘들어도 퇴근 후 마음을 어루만져줄 관계, 따뜻한 사람이 몇 있다면 하루하루를 살아갈 수 있다.

그렇기에 좀 더 나은 관계를 만드는 노력을 멈추어서는 안 된다. 누군가와 사랑과 희망, 기쁨과 용서, 연민과 믿음이 가득한 관계를 만들기 위해 노력해야만 한다. 인간은 부서진 채로 태어나고 수선하면서 살아간다. 그리고 부서진 나를 수선하는 가장 좋은 방법은 좋은 마음과 누군가와 나누는 진실한 사랑이다.

이 책을 통해 당신이 조금이라도 끊임없이 생겨나는 관계의 문제들에 유연하게 대처할 수 있기를 바란다. 좋은 관계 맺기란 다른 사람과 진심을 나눌 용기만 있다면 그리 어려운 일이 아니다.

관계도 반품이 됩니다

초판 1쇄 인쇄 2019년 8월 5일
초판 7쇄 발행 2024년 6월 25일

지은이 박민근 **펴낸이** 김종길 **펴낸 곳** 글담출판사

기획편집 이경숙 · 김보라
마케팅 성홍진 **디자인** 손소정 **관리** 이현정

출판등록 1998년 12월 30일 제2013-000314호
주소 (04029) 서울시 마포구 월드컵로 8길 41(서교동 483-9)
전화 (02) 998-7030 **팩스** (02) 998-7924
페이스북 www.facebook.com/geuldam4u **인스타그램** geuldam
블로그 http://blog.naver.com/geuldam4u

ISBN 979-11-86650-78-3 (03190)
책값은 뒤표지에 있습니다.
잘못된 책은 바꾸어 드립니다.

이 도서의 국립중앙도서관 출판시도서목록(CIP)은 e-CIP 홈페이지(http://www.nl.go.kr/ecip)
와 국가자료공동목록시스템(http://www.nl.go.kr/kolisnet)에서 이용하실 수 있습니다.
(CIP 제어번호 : 2019028297)

글담출판에서는 참신한 발상, 따뜻한 시선을 가진 원고를 기다리고 있습니다.
원고는 글담출판 블로그와 이메일을 이용해 보내주세요. 여러분의 소중한 경험과 지식을 나누세요.
블로그 http://blog.naver.com/geuldam4u **이메일** geuldam4u@geuldam.com